LE
TÉLÉGRAPHE IMPRIMEUR
HUGHES

MANUEL

PRINCIPALEMENT A L'USAGE DES EMPLOYÉS DU TÉLÉGRAPHE

PAR

J. M. COLLETTE

Inspecteur, Chef du service technique des Télégraphes de l'État Néerlandais

LA HAYE
MARTINUS NIJHOFF
1871

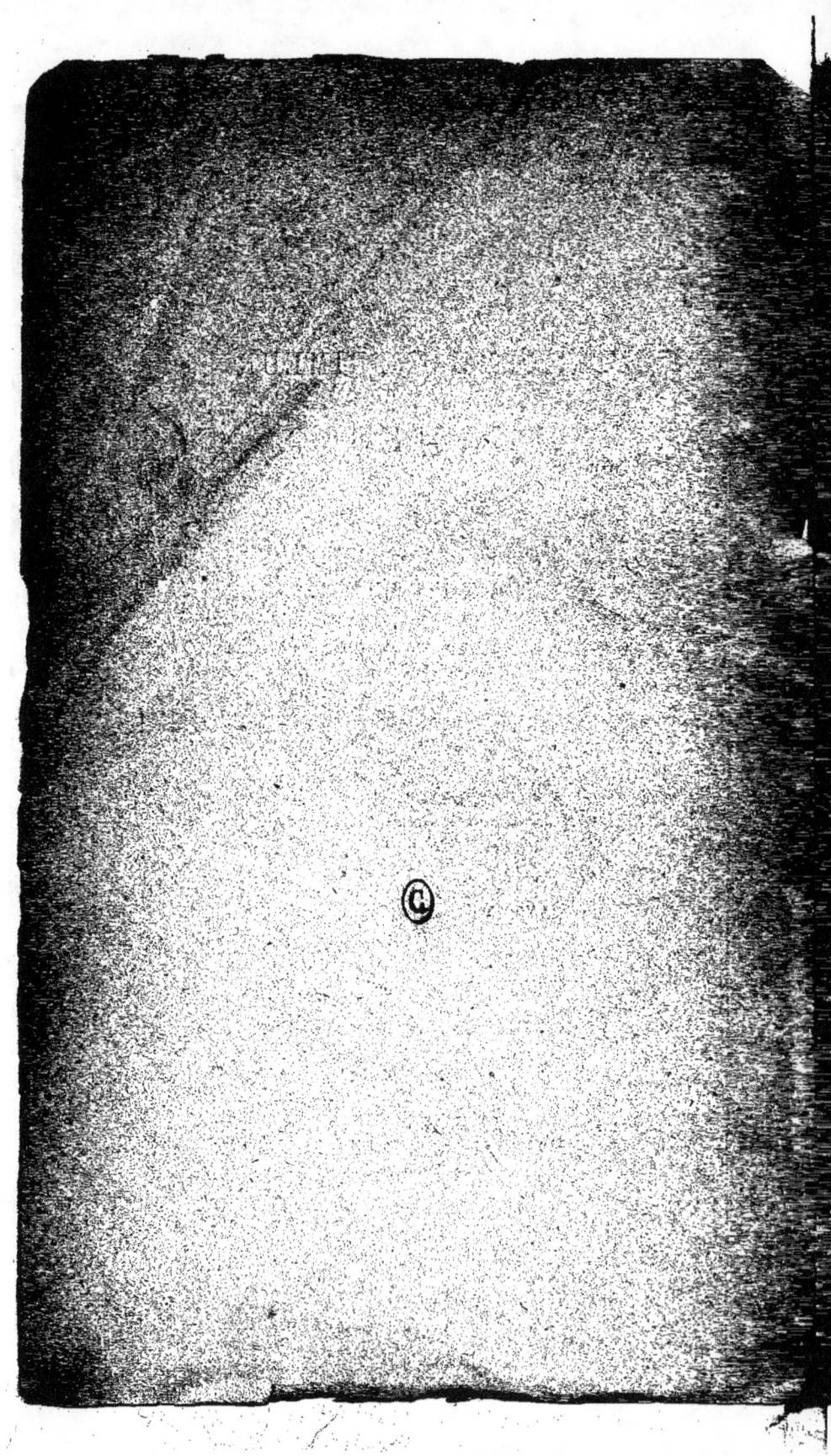

TABLE DES MATIÈRES.

Introduction.		1
I L'horlogerie		3
II La lame vibrante et le frein		6
III L'électro-aimant et son armature.		9
IV Le clavier		12
V Le chariot et les goujons distributeurs		13
VI La roue des types, la roue correctrice et la roue de frottement		19
VII La détente de la roue des types.		23
VIII L'axe imprimeur		26
IX Le mécanisme pour la reproduction des chiffres		34
X Communications.		38
XI Jeu de l'appareil.		43
XII Dérangements dans l'appareil		47
XIII Vérification et réglage de l'appareil		52
XIV Manipulation		78
Explication des figures		82

INTRODUCTION.

Tous les télégraphes imprimeurs inventés avant 1855 reposaient sur la base que, pour obtenir l'impression d'une lettre, il fallait d'abord faire arriver le type devant le mécanisme imprimeur, l'arrêter un instant et produire l'impression pendant cet arrêt, ce qui causait une perte de temps considérable et était un inconvénient grave pour les systèmes à mouvement synchronique, lesquels avaient jusque-là fourni les meilleurs résultats.

Le professeur américain, D. E. Hughes, a su réaliser la conception hardie d'imprimer les lettres *au vol*. Il introduisit son appareil en France en 1855, et, grâce aux perfectionnements importants qu'il a apportés plus tard aux différents mécanismes qui le composent, son système est devenu pratique et rend d'éminents services à la correspondance accélérée sur les lignes très occupées. Son appareil, fondé, comme plusieurs autres, sur le principe du synchronisme de deux instruments, est le seul, parmi ceux en usage, dont le mouvement soit continu.

Le présent manuel contient des détails sur la construction, le jeu et les dérangements du télégraphe imprimeur Hughes, ainsi qu'une méthode pour le réglage et la manipulation de cet instrument, principalement à l'usage des employés du télégraphe.

Dans cet appareil on distingue :
1º les parties faisant un travail purement mécanique, c'est-à-dire servant à produire et à transmettre la force vive ainsi qu'à régler le synchronisme; tels sont :

    l'horlogerie,
    la lame vibrante et
    le frein;

2º les parties électro-mécaniques, sur lesquelles ou au moyen desquelles agit la force soit électrique soit mécanique; savoir :

    l'électro-aimant et son armature,
    le clavier,
    le chariot et les goujons distributeurs,
    la roue des types, la roue correctrice et la roue de frottement,
    la détente de la roue des types,
    l'axe imprimeur et
    le mécanisme pour la reproduction des chiffres.

I

L'HORLOGERIE.

Le mouvement de l'appareil est produit par un poids de 60 kilogrammes, composé de six plaques de plomb posées les unes sur les autres, de manière que la force motrice peut être diminuée. Quand il a été remonté au moyen d'une pédale, le poids se trouve à environ 0.57 mètre au-dessus du sol. Il parcourt cette distance en trois minutes. Lorsqu'il est au bas de sa course, une sonnette en avertit l'opérateur; l'arrivée au lieu de départ est annoncée de la même manière [1].

Pour le mécanisme du remontage, voyez planche 1.

La roue Z^3 ainsi que deux autres roues placées derrière elle sont calées sur un axe horizontal, porté par des ponts en fonte fixés à la table. La roue du milieu est une roue à rochet, liée à la roue postérieure; ces deux roues font corps avec l'axe. La roue antérieure Z^3 est seule mobile autour de l'axe.

La grande chaîne sans fin, après avoir quitté la roue Z^1 (planche 2 figure 1), passe par un trou pratiqué dans la table, par la gorge de la poulie mobile Z^2 du grand poids (planche 1) et enfin sur la roue postérieure. Redescendant ensuite, elle embrasse la gorge de la poulie Z^4, qui porte le petit poids, pour retourner, en passant par les gorges des deux poulies-guides Z^5 et Z^6 et par un autre trou de la table, à la roue Z^1.

Le petit poids ne sert qu'à empêcher l'entortillement de la chaîne sans fin.

---

[1] Dans les appareils du dernier modèle la sonnette se fait entendre seulement lorsque le poids arrive au bas de sa course, l'opérateur étant suffisamment averti par un petit choc que le remontage est terminé.

Pour remonter le grand poids, une autre chaîne, peu longue, passe sur la roue Z^3, et est fixée d'un côté à un fort ressort à boudin tendu horizontalement, tandis qu'à l'autre bout elle porte la pédale par l'intermédiaire d'une tige en fer.

La sonnette est indiquée par G^1. Un cordon, qui passe par deux anneaux, l'un fixé à la table, l'autre au petit poids, porte une petite boule de cuivre, trop grande cependant pour pouvoir traverser les anneaux. L'autre bout du cordon est lié à un levier rectangulaire ou au bras qui soulève le marteau de la sonnette.

Lorsqu'on abaisse la pédale, la tige agit sur la petite chaîne, et celle-ci fait tourner la roue Z^3 vers la droite. Cette roue est munie d'un appendice portant un cliquet, lequel, par l'effet d'un ressort, s'engage entre les dents de la roue à rochet, qu'elle fait participer, de même que la roue postérieure, au mouvement de la roue Z^3. La poulie Z^2 et le grand poids sont alors remontés.

Pour empêcher la marche rétrograde des deux roues postérieures, lorsque la pédale est abandonnée, un autre cliquet pénètre entre les dents de la roue à rochet. Ce cliquet ne peut s'opposer au remontage, puisque alors il glisse sur les dents inclinées de la roue à rochet.

Quand on abaisse la pédale, le mouvement des trois roues est donc simultané et dans le même sens; mais elles ne font à peine qu'un demi-tour, parce que le mouvement de la pédale est très-limité.

La pédale étant abandonnée, les deux roues postérieures sont maintenues, au moyen du second cliquet, dans la position acquise, tandis que la roue Z^3 est replacée dans sa position primitive, en vertu de la traction qu'exerce sur la petite chaîne le ressort à boudin; pendant ce mouvement rétrograde, le cliquet de l'appendice glisse sur les dents de la roue à rochet. La roue Z^3 est arrêtée dans sa position normale par un tourillon, faisant corps avec elle, et butant contre le bâti en fonte.

Il est évident, qu'en abaissant la pédale à plusieurs reprises, le grand poids est lentement remonté, jusqu'à ce qu'il soit arrêté par un morceau de caoutchouc fixé à la table. En même temps, le petit poids descend et, en approchant du sol, tire le cordon par la boule de cuivre; il soulève par conséquent le levier rectangulaire ainsi que le petit bras communiquant avec le marteau, jusqu'à ce que celui-ci glisse et vienne frapper contre la sonnette.

Lorsque le petit poids monte et s'approche de la sonnette, le levier du marteau est soulevé par une fourche de la poulie Z^4; le même effet est ainsi obtenu.

La marche de l'appareil, comme on voit, n'est nullement interrompue par le remontage. Au moyen d'un système de pignons et de roues dentées (voyez planche 2, figure 1) la roue de chaîne Z^1 transmet son mouvement aux différentes parties de l'horlogerie.

L'axe L du volant est mis en rotation par l'axe D, dit axe de la roue des types, au moyen de la roue dentée 5 et du pignon 6. Il tourne continuellement, avec une vitesse d'environ 800 révolutions par minute.

Il porte entre les bâtis de l'appareil, outre le pignon 6, la roue à rochet l, au moyen de laquelle et d'un cliquet il peut être lié à l'axe imprimeur P.

En dehors du bâti postérieur il porte le volant V et la manivelle d.

Comme la force motrice due au poids est constante, tandis que les résistances de frottement varient, selon que l'axe imprimeur est en repos ou qu'il fait plus ou moins de travail, le volant est nécessaire pour maintenir le mouvement uniforme. On pourrait le considérer aussi comme un réservoir, où la force vive vient s'emmagasiner aux moments où les résistances dans l'appareil sont moindres, pour être restituée ensuite, lorsque ces résistances augmentent. C'est par son influence que le mouvement uniforme de la roue des types et du chariot ne subit aucune variation, malgré le mouvement intermittent de l'axe imprimeur, qui consomme une grande partie de la force vive. C'est donc aussi grâce à lui et, comme on verra plus loin, à la lame vibrante, que les appareils correspondants sont animés d'un mouvement de rotation identique.

Le volant est calé sur son axe au moyen de deux disques,

entre lesquels il peut se déplacer avec beaucoup de frottement; de cette manière, lorsque la rotation de l'appareil est brusquement dérangée par un choc ou arrêtée par un accident quelconque, le volant continue à tourner encore un peu, et prévient par là des détériorations de l'instrument.

Le levier S (planches 1 et 2) a une forme telle que, étant placé verticalement, sa partie inférieure frotte contre le volant et fait arrêter l'horlogerie.

II

LA LAME VIBRANTE ET LE FREIN.

La lame vibrante est conique; elle a une longueur d'environ 0.275 mètre. Ses vibrations circulaires sont dues au mouvement de l'axe du volant. Placée horizontalement, elle a son extrémité la plus forte encastrée entre deux plaques de cuivre, fixées sur un bâti situé en arrière de l'appareil.

La manivelle d, fixée à l'extrémité postérieure de l'axe L du volant au moyen de la vis s (planche 4, figures 15 et 16), porte un petit bras d^1, mobile autour d'un axe auquel la came d'ivoire e^1 est fixée excentriquement. Un ressort f^1 repose sur la came; d'un côté il est fixé au point s^1 de la manivelle, tandis qu'à l'autre extrémité il porte le frotteur b^2.

L'extrémité libre du bras d^1 est recourbée en anneau ou œillet, afin de pouvoir porter ou plutôt pour entourer l'extrémité libre de la lame vibrante.[1]

Indépendamment du mouvement de la manivelle, le bras d^1 est mobile dans les deux sens. S'il est écarté de la manivelle, il agit, par l'intermédiaire de l'excentrique e^1, sur le

---

[1] Pour éviter que la lame vibrante s'use trop rapidement par le glissement dans l'anneau du bras d^1, son extrémité est munie d'un petit tuyau en acier trempé, nommé *garde-lame*.

ressort f^1, qu'il soulève de manière que le frotteur b^2 soit pressé contre la circonférence intérieure d'un tambour en acier X.

Le frotteur est composé d'un petit rouleau de papier ou d'un faisceau de chanvre formant un petit balai.

La boule de cuivre S (planche 2, figure 1), faisant office de curseur, pèse environ 285 grammes, et porte à son centre un ressort plat courbé, exerçant une pression telle qu'il ne laisse pas de jeu à la boule lorsque celle-ci glisse sur la lame vibrante. La boule est unie au moyen d'une vis à un fil d'acier, qui d'un côté entoure en hélice et sans aucun frottement la lame vibrante, et dont l'autre bout, droit et parallèle à la lame, passe par une petite ouverture entre les plaques d'encastrement, pour être attaché à une petite barre dentée qu'on peut mouvoir à l'aide d'un pignon, de manière à faire avancer ou reculer la boule sur la lame vibrante.

Lorsque l'appareil ne fonctionne pas, la lame vibrante s'appuie contre la manivelle, et l'anneau du bras d^1 est très-rapproché de l'axe du volant, comme l'indiquent les lignes pleines de la figure 15 (planche 4).

L'appareil se mettant en mouvement, l'axe du volant fait tourner la manivelle, qui à son tour entraîne le bras mobile d^1 et l'extrémité libre de la lame vibrante; celle-ci décrit une surface de cône.

Les véritables vibrations de la lame commencent seulement lorsque l'appareil a acquis sa vitesse normale, c'est-à-dire, quand le volant fait environ 700 tours par minute. C'est alors que la boule, en vertu de la force centrifuge, écarte la lame et, avec elle, l'extrémité annulaire du bras d^1 de l'axe de rotation; elle agit de cette manière sur le ressort f^1 par l'intermédiaire de l'excentrique e^1.

Pour éviter la rupture de la lame vibrante, le diamètre des cercles décrits par son extrémité ne doit pas dépasser la longueur de 3 centimètres.

Les vibrations sont isochrones; c'est d'elles que dépend la marche régulière de l'appareil. La vitesse de rotation est en rapport avec la longueur de la lame vibrante, en d'autres termes, avec la distance entre la boule et le point d'encastrement de la lame. Quand cette distance est diminuée, le nombre des vibrations augmente; ce nombre décroît au contraire, lorsque la boule s'avance vers l'extrémité libre de la lame.

La boule est ordinairement placée de façon que la roue des types et le chariot exécutent 120 révolutions par minute.

Le fil d'acier est enroulé en hélice autour de la lame vibrante, pour que celle-ci ne soit pas courbée seulement au point d'encastrement, mais sur plusieurs points à la fois, et qu'ainsi elle coure moins de risques de se briser [1].

Pour une position donnée de la boule, la vitesse de vibration de la lame est constante, en d'autres termes, toutes les vibrations, grandes ou petites, ont une durée parfaitement égale.

Les rayons des cercles de vibration sont en rapport avec la force motrice. Lorsque le poids est augmenté, la grandeur des cercles croît en proportion, quoique le nombre des vibrations reste invariable.

Le poids assez considérable ne sert pas seulement à produire la vitesse de rotation requise, mais principalement à fournir la grande force que demandent quelques parties de l'appareil pour fonctionner régulièrement.

Lorsque l'axe imprimeur est en rotation, l'amplitude des vibrations est plus petite que lorsqu'il est en repos, parce que, en ce cas-là, l'appareil consomme plus de force; quand l'axe imprimeur ne fonctionne pas, la force superflue passe sur l'axe du volant et les vibrations de la lame deviennent plus étendues.

Le poids nécessaire pour l'action de quelques parties de l'appareil donnerait lieu toutefois à des vibrations beaucoup trop

---

[1] Le professeur Hughes a fait construire récemment la «lame vibrante en hélice», voyez planche 2, figure 2. C'est une tige d'acier de 8 millimètres de diamètre et d'environ 2 mètres de longueur, qui a 8 à 9 tours d'hélice, de façon que la longueur comprise entre le bâti d'encastrement et l'axe du volant ne dépasse pas celle de la lame de bronze d'aluminium décrite plus haut. La lame vibrante en hélice risque moins de se briser, vu que l'influence des vibrations n'est plus concentrée sur un seul point, comme pour les lames de l'ancien modèle, mais que le travail se répartit sur toute la partie enroulée.

étendues; il pourrait causer par conséquent la rupture de la lame. C'est pour éviter ce danger qu'on a introduit le *frein*, qui fait naître un frottement dont la résistance est telle qu'elle ne peut être surmontée que par la force motrice superflue.

Le frein ne sert donc qu'à protéger la lame vibrante; il ne contribue absolument en rien au synchronisme, qui pourrait être très-bien conservé sans lui.

Le frotteur b^2 commence seulement à frotter contre la circonférence intérieure du tambour X, au moment où la force superflue augmenterait trop l'amplitude des vibrations; son action cesse lorsque cette force est consommée par l'appareil imprimeur lui-même [1].

Il est nécessaire que le bras d^1 soit parfaitement libre sur son axe, pour que toute diminution de la force agissant sur l'axe du volant soit suivie immédiatement d'une réduction de l'étendue des vibrations.

III

L'ÉLECTRO-AIMANT ET SON ARMATURE.

La construction de l'électro-aimant de cet appareil diffère de celle des électro-aimants ordinaires. Son armature en fer doux est maintenue au contact par l'influence d'un aimant permanent et tend seulement à se soulever, sous l'action d'un ressort de rappel, lorsqu'un courant traverse les bobines dans le sens voulu.

---

[1] Dans la pratique on entend ordinairement par frein tout le système calé sur l'extrémité postérieure de l'axe du volant, et tournant dans le tambour X.

Les freins d'une construction récente diffèrent un peu du modèle décrit plus haut. La came e^1, au lieu d'avoir la forme représentée par la figure 15 de la planche 4 et d'agir sur le ressort f^1 par l'intermédiaire d'un anneau d'acier, est tout-à-fait cylindrique, calée excentriquement sur l'axe du bras d^1 et agit directement sur le ressort. Dans d'autres modèles de frein la partie du ressort se trouvant à gauche de la manivelle est remplacée par une pièce fixe de cuivre, à laquelle est soudée la partie supérieure du ressort.

La figure 10, planche 4, représente l'électro-aimant ainsi que l'aimant permanent sur une échelle réduite.

Chacune des deux branches de l'aimant permanent en fer à cheval M^1 est surmontée d'un cylindre creux de fer doux entouré de fil recouvert. Un petit espace est ménagé entre les bobines et l'aimant permanent.

Une pièce rectangulaire, fixée d'un côté à la table, porte de l'autre côté l'aimant permanent, au moyen de vis et des deux pièces qu'on voit dans la figure 10; ces pièces permettent d'élever ou d'abaisser l'aimant, pour placer les faces polaires de l'électro-aimant de manière que l'armature s'y applique parfaitement à plat des deux côtés.

Une feuille de papier est interposée entre l'électro-aimant et l'armature, pour empêcher une trop grande adhérence des surfaces polaires.

Comme les pôles d'un aimant ne sont pas situés aux extrémités proprement dites de celui-ci, les cylindres de fer doux portent au-dessus des bobines des prolongements transversaux, de façon que les pôles de l'électro-aimant tombent exactement en face de ceux de l'armature. Par cet arrangement et par une construction soignée de l'armature, l'attraction est énormément augmentée.

Le magnétisme, induit dans les cylindres creux par l'aimant permanent, peut être diminué au moyen de la lame de fer doux taillée en biseau, S^3 (planche 1), qu'on place sous les bobines, contre les extrémités des branches de l'aimant en fer à cheval, pour neutraliser en partie l'influence de l'aimant permanent sur les cylindres de l'électro-aimant. Cette influence est diminuée plus ou moins suivant qu'on avance ou retire la lame en biseau. On peut également modifier la force attractive en plaçant sur les surfaces polaires du papier plus mince ou plus épais.

Deux ressorts antagonistes, fixés sur l'axe du levier de l'armature et tendus plus ou moins à l'aide de vis, agissent en sens contraire de la force magnétique; ils tendent à soulever l'armature. Celui qui se trouve le plus rapproché du commutateur (voyez la planche 6) agit avec une force constante; il doit être tendu de manière que, sans le secours du second ressort, il puisse soulever l'armature avec la force requise pour faire basculer le levier d'arrêt $b^1 b$ B (planche 2) servant à effectuer l'embrayage de l'axe imprimeur avec celui du volant. Ce ressort porte le nom de „ressort fixe", parce que, une fois qu'il est dûment réglé, on n'a plus besoin d'y toucher, à moins qu'il n'ait perdu sa force par suite de la tension continuelle; en ce cas il faut tâcher de restaurer la force perdue en recourbant le ressort, ou bien le remplacer par un autre, puisqu'on ne pourrait remédier au défaut en diminuant la force attractive de l'aimant.

L'autre ressort, qu'on voit en a^1 dans les figures 2 et 6 (planche 4), sert à régler la force répulsive totale par rapport à la force attractive de l'électro-aimant et aux fluctuations du courant; on le nomme „ressort variable."

L'armature est maintenue au contact par le magnétisme, tant que la force de celui-ci dépasse la force des ressorts; mais si l'attraction magnétique est diminuée par un courant, qui traverse le fil de l'électro-aimant de façon à développer une aimantation contraire à celle due au contact de l'aimant permanent, la force des ressorts prédomine, l'armature quitte l'électro-aimant et se meut vivement sous l'action seule des ressorts, l'attraction magnétique diminuant rapidement avec l'accroissement de la distance.

L'intensité du courant nécessaire pour faire marcher l'appareil, dépend donc de la différence entre la force attractive magnétique et la force répulsive due à la tension du ressort. Si la première est représentée par M et la seconde par R, la force que devra développer le courant dans l'électro-aimant sera $M-R$. Cette différence représente la sensibilité de l'appareil; en la diminuant, la sensibilité augmente et l'intensité du courant pourra être moindre.

Si l'on diminue M, — soit en avançant la lame taillée en biseau, soit en fixant un papier plus épais sur les surfaces polaires de l'électro-aimant, — ou si l'on augmente R en tendant davantage le ressort variable, on peut faire de la sorte que les deux forces M et R soient à peu près égales; l'appareil marchera alors avec des courants excessivement faibles, qui ne produiraient sur un électro-aimant ordinaire qu'un effet insensible.

Supposons que le magnétisme ait la force attractive 100 et que les ressorts aient la force répulsive 91, il est évident qu'un courant diminuant de 10 la force attractive suffira pour faire que l'armature se soulève. Si l'on augmente encore la tension du ressort variable, de façon que la force des deux ressorts soit 99, il ne faudra qu'un courant réduisant la force attractive de l'électro-aimant à 98 pour que l'armature soit soulevée.

D'après ce qui précède, il est clair que le ressort variable devra être tendu ou le magnétisme diminué davantage, lorsque le courant est plus faible. En général, la sensibilité de l'appareil doit être en rapport avec l'intensité du courant.

Après chaque émission de courant l'armature doit être ramenée au contact de l'électro-aimant.

Le *levier désembrayeur* $b^1 b$ B, — ainsi nommé parce qu'il arrête, comme on le verra plus loin, le mouvement rotatoire de l'axe imprimeur, — porte la vis b^1 qui, à l'état de repos, ne doit pas toucher l'armature, afin que celle-ci puisse acquérir une certaine vitesse avant d'agir sur la vis. Le contact de ces deux pièces établit en outre une dérivation (voyez les figures 1 et 2 de la planche 5), par laquelle le courant peut s'échapper, sans traverser le fil de l'électro-aimant.

Comme, par les coups répétés contre la vis b^1, il pourrait se produire des cavités dans le fer doux de l'armature, celle-ci est protégée par un petit ressort plat très peu recourbé.

Dans l'appareil translateur l'armature et son bâti portent les pièces nécessaires à la translation (planche 5, figures 3 et 4).

IV

LE CLAVIER.

Le clavier est composé de 28 touches, dont 14 blanches et autant de noires placées alternativement. 26 de ces touches portent les caractères de l'alphabet ainsi que les chiffres et les signes de ponctuation. Les deux autres, savoir la première et la sixième touche blanche à gauche, ne sont pas marquées. Les caractères A—N sont placés, dans l'ordre de l'alphabet, sur les touches noires en allant de gauche à droite, tandis que les caractères O—Z figurent sur les touches blanches en sens inverse [1].

La première touche blanche sert à faire les séparations entre les mots ou groupes de lettres; on la désigne par le nom „blanc de lettres", ou simplement par celui de „blanc". Au moyen de l'autre touche non marquée on reproduit les intervalles entre les nombres ou groupes de chiffres; on la nomme „blanc de chiffres."

Ces deux touches sont destinées en outre à opérer, soit avec, soit sans intervalles sur le papier, le passage des lettres aux chiffres et vice versa.

Cette opération sera expliquée plus loin.

Les touches sont mises en communication avec les goujons distributeurs au moyen de leviers métalliques, placés en dessous du clavier. Ces leviers ont des courbures diverses, pour que leurs extrémités soient disposées circulairement et en regard des trous qui se trouvent dans le disque N (planche 3, figure 1) de la boîte à goujons. S'appuyant sur les leviers, les goujons distributeurs se lèvent en partie au-dessus du disque lorsqu'on abaisse les touches.

V

LE CHARIOT ET LES GOUJONS DISTRIBUTEURS.

L'axe du chariot est divisé en deux parties, isolées l'une de l'autre par un disque d'ébonite d (planche 3, figure 1). Il est mis en mouvement par l'axe D (planche 2, figure 1) de la roue des types, au moyen des deux roues d'angle parfaitement identiques D^1 et

---

[1] Dans les appareils destinés à la correspondance internationale le signe de multiplication (×), sur la touche du caractère T, est remplacé par le caractère É.

D^2, de sorte que les deux axes tournent avec une vitesse égale.

La partie supérieure traverse un pont fixé au bâti. Sur ce pont se trouve un ressort d^1 (planche 2, figure 1), qui frotte contre l'axe et assure ainsi la communication de cette partie avec le massif et, au moyen de celui-ci, avec l'électro-aimant et la ligne.

La partie inférieure de l'axe passe par l'ouverture centrale du disque N (planche 3, figures 1 et 2) dans un cylindre creux, avec lequel elle n'est cependant en communication que par l'intermédiaire d'un petit tuyau, qui l'entoure et dont le bord repose sur le cylindre. A l'intérieur de celui-ci, un fort ressort à boudin tend à soulever l'axe et assure ainsi la communication entre la partie supérieure et le pont, tout en laissant assez de jeu à l'axe pour tourner librement.

Le cylindre, et par conséquent la partie inférieure de l'axe du chariot, est isolé de la boîte à goujons par une pièce annulaire d'ébonite kk. Cette pièce ainsi que le cylindre creux (celui-ci au moyen de son bord qq) sont fixés au disque N par trois vis isolées, dont deux sont visibles dans la figure 1 (planche 3.)

(Les parties isolantes d'ébonite sont indiquées dans les figures par des hachures horizontales.)

La partie inférieure du cylindre creux passe par une ouverture centrale de la boîte à goujons, et est mise en communication soit avec le pôle zinc Z de la pile, soit avec la terre.

Chacune des deux parties de l'axe porte, tout près de la plaque isolante d, un bras horizontal. Ces deux bras, avec la pièce isolée fixée au bras inférieur, constituent le **chariot** proprement dit.

Le bras gg^1 (figures 1 et 2), qui tient à la partie supérieure de l'axe par une articulation, est recourbé. Son extrémité g^1, en acier trempé, touche presque au disque N, justement en face du milieu des trous de goujons; elle est assez large pour pouvoir couvrir en partie trois de ces trous.

La partie articulée porte le nom de *lèvre*.

Dans la position représentée par la figure 1, les deux bras gg^1 et ee^1 sont en communication au moyen de la vis g^2; un courant peut donc passer de la partie supérieure à la partie inférieure de l'axe. C'est la position requise pour la *réception*. Le courant, en arrivant de la ligne, traverse les bobines de l'électro-aimant et passe, par les deux parties de l'axe, à la terre.

Lorsqu'on abaisse une touche quelconque, le goujon correspondant se soulève et dépasse le niveau du disque N. Le chariot étant arrivé en face de ce point, la lèvre monte sur le sommet du goujon, et la communication entre les deux bras horizontaux, conséquemment entre les deux parties de l'axe, est rompue; mais, par contre, on a établi la communication entre le goujon et la partie supérieure de l'axe du chariot, ce qui est nécessaire pour la *transmission*. Le courant, en arrivant de la pile, passe, par le goujon, le bras gg^1 et la partie supérieure de l'axe, dans les bobines et ensuite sur la ligne.

De même que le manipulateur dans le système MORSE, le chariot dans le système HUGHES sert donc à établir la communication soit avec la terre, soit avec la pile [1].

Comme la lèvre tend à s'abaisser sous l'action du ressort φ, le contact tantôt de la vis g^2 avec le bras e^1, tantôt de l'extrémité g^1 avec le goujon soulevé, est assuré.

La petite pièce x (figure 2) sert à limiter le mouvement ascendant de la lèvre.

La troisième partie du chariot n'a à remplir qu'une fonction purement mécanique; on la nomme *rejeteur*. Celui-ci est fixé par des vis isolées au bras horizontal inférieur e^1; il est recourbé et porte la pièce en acier trempé ff^1, qui a tant soit peu la forme d'un S.

Le rejeteur est isolé du bras e^1 par une plaque d'ébonite. La surface inférieure de la pièce ff^1 est parallèle au disque N, dont elle s'approche beaucoup, mais qu'elle ne touche cependant à aucun moment de sa rotation. La partie antérieure de la pièce en forme de S s'avance graduellement sur le cercle des goujons, tandis que sa partie postérieure dépasse le milieu des trous du disque N. Le rejeteur couvre en partie cinq de ces trous.

---

[1] Le clavier, les goujons distributeurs et le chariot constituent le *transmetteur* de l'appareil.

Lorsque l'appareil est en repos, le bord inférieur de la pièce de contact g^1 se trouve à peu près en face du milieu de l'épaisseur de la pièce ff^1; cependant il ne touche ni le rejeteur, ni le disque N. La vis de contact g^2 sert aussi à régler la distance entre la pièce g^1 et le disque.

Dès que la partie f du rejeteur, en tournant avec le chariot, arrive en face d'un goujon soulevé, elle le fait avancer doucement vers le milieu de son trou, pour le mettre en contact avec la pièce g^1, que le goujon soulève en même temps. Le goujon est maintenu dans cette position durant tout le temps que la lèvre passe au-dessus. Le contact ayant eu lieu, la partie postérieure f^1 repousse le goujon en arrière. Dans cette position le goujon ne peut plus soulever la lèvre, mais souvent, au passage du chariot, il peut toucher encore la surface extérieure de la pièce g^1, de manière que l'opérateur, en ne lâchant pas la touche après que la lèvre a passé sur le goujon, établit un circuit local, la vis de contact n'étant pas soulevée et les deux parties de l'axe du chariot restant par conséquent en communication. Le courant passe alors du goujon à la lèvre et, par la vis de contact, sur le bras inférieur, qui est en communication avec la terre, (voyez planche 5, figure 1).

L'emploi d'une même pile pour plusieurs fils serait rendu par là fort difficile et même impossible; mais il est très rare qu'un employé exercé n'ait pas abandonné la touche avant que le chariot arrive pour la seconde fois devant le goujon soulevé.

Il est évident que s'il faut reproduire un caractère deux fois de suite, l'opérateur n'en doit pas moins abandonner la touche abaissée, pour que le goujon retombe dans son trou et qu'il puisse être soulevé de nouveau, à l'effet de provoquer la seconde impression.

Lorsque la lèvre a passé sur le goujon soulevé, elle retombe, la communication entre les deux parties de l'axe est rétablie au moyen de la vis de contact g^2, et un courant qui arrive de la ligne peut se rendre à la terre après avoir traversé l'appareil.

Puisque le rejeteur couvre à la fois cinq trous de goujons, il est impossible, lorsque la partie f^1 touche encore le goujon soulevé, qu'aucun des quatre goujons suivants puisse dépasser de beaucoup le niveau du disque N, car ils viennent buter contre la pièce ff^1, qui les empêche de se soulever assez pour faire contact avec la lèvre. C'est pour cette raison que, dans un tour de chariot, on ne peut abaisser que des touches distantes les unes des autres d'au moins quatre de ces intervalles.

Il est clair aussi que les touches doivent être abaissées avant que le chariot arrive devant les goujons correspondants, pour que ceux-ci soient poussés par la partie f du rejeteur vers le milieu des trous et mis au contact avec la pièce g^1. Au moment où la partie f passe au-dessus du goujon, celui-ci ne peut plus être soulevé; le rejeteur lui-même l'en empêche.

Les goujons d'acier se trouvent dans la boîte annulaire NN^1, dont le sommet est formé par le disque N, et dont la base N^1 est également percée de 28 trous, situés justement en regard de ceux du disque N. La boîte contient encore, un peu en dessous de ce disque, une plaque annulaire $r\,r^1$ ayant des entailles qui correspondent aux trous des disques N et N^1.

La forme du goujon est représentée dans la figure 1; son sommet est un peu arrondi et bien trempé; son mouvement ascendant et descendant est limité par les parties saillantes b et b^1. Un ressort à boudin, fixé à b^1 et à la base N^1, tend à l'attirer vers le centre.

La tête du goujon est traversée par un tourillon, qui fait saillie des deux côtés, de manière à dépasser la largeur des entailles de la plaque annulaire $r\,r^1$. La section du tourillon est indiquée dans la figure par la lettre c.

Outre le mouvement ascendant et descendant des goujons dans les trous de N et N^1 ainsi que dans les entailles de $r\,r^1$, on peut leur donner encore un mouvement transversal, pour autant que les ouvertures dans le disque N le permettent.

Quand on appuie sur les touches, les goujons sont soulevés par les leviers métalliques M, et poussés vers le milieu du disque N par le rejeteur $f\,f^1$. Lorsque la lèvre du chariot a passé sur leurs sommets et que les touches sont abandonnées, les goujons sont replacés à l'état de repos par les ressorts à boudin s et s^1. Leurs sommets se trouvent alors au niveau du disque N; leurs parties inférieures reposent sur les leviers M et leurs parties saillantes b sur la base N^1. Ils sont maintenus dans cette position jusqu'à ce que les touches soient abaissées de nouveau.

Dans la figure 1 (planche 3) l'état normal du goujon m^1 est indiqué par le chiffre 1.

Dans la position désignée par 2, le goujon m est soulevé au moyen de la touche et du levier correspondant, pour autant que la partie saillante b^1 le permet; le chariot n'est pas encore arrivé.

Dans la position 3, représentée par un pointillé, le sommet de m^1 est poussé par le rejeteur vers le milieu du trou; il dépasse un peu plus le niveau du disque N que dans la position 2; la lèvre est soulevée et la pile mise en communication avec les bobines de l'électro-aimant et avec la ligne; le tourillon c se trouve alors au sommet du plan incliné de la plaque annulaire rr^1, où il est retenu par le rejeteur ff^1, de façon à pouvoir résister à la pression de la lèvre et à ne pas retomber.

Dans la position 4, également pointillée, le goujon est déjà repoussé par la partie postérieure f^1 du rejeteur vers l'extrémité de son trou, et puisqu'à présent il n'est plus retenu par la partie saillante b^1, il se lève de toute sa tête au-dessus du niveau du disque N. Par suite de cela, la touche s'abaisse davantage et donne lieu à un petit choc, par lequel l'opérateur est averti que le chariot a quitté le goujon. A ce moment la touche doit être abandonnée, pour que le goujon puisse rentrer dans sa position normale. [1]

La boîte à goujons est portée par une plaque de fer $\varrho\varrho$ fixée à la table au moyen de vis. Un fil K, conduisant à l'un des

---

[1] Dans les appareils du dernier modèle la forme des goujons est modifiée, comme l'indique la figure 9 de la planche 3.

A l'état de repos les têtes des goujons emplissent entièrement les trous du disque N.

La boîte à goujons de ce modèle ne contient pas de plaque annulaire entaillée, laquelle, par la forme même du goujon, est devenu superflue, ainsi que le tourillon c.

pôles de la pile, est fixé à la boîte et communique avec les goujons au moyen du disque N et de la plaque annulaire N^1, tandis que le cylindre isolé formant le centre de la boîte, et par conséquent la partie inférieure de l'axe du chariot sont en communication avec la terre.

IV

LA ROUE DES TYPES, LA ROUE CORRECTRICE ET LA ROUE DE FROTTEMENT.

L'axe plein D (planche 2, figure 1) porte, entre les bâtis :
le pignon 4, mis en mouvement par le moteur ;
une grande roue dentée 5, agissant sur le pignon 6 de l'axe du volant, qu'elle fait tourner très rapidement ;
une roue d'angle D^2, dont les dents s'engagent dans celles d'une roue parfaitement identique D^1 et font tourner par conséquent l'axe du chariot et celui de la roue des types d'un mouvement égal ;
et enfin, en avant du bâti, la *roue de frottement* à dents fines F^1.

L'extrémité de l'axe D est entourée de deux axes creux superposés, dont le premier porte la *roue des types* H, l'autre la *roue correctrice* F.

La figure 6 (planche 3) représente la section de ces trois roues et de leurs axes. La roue de frottement est fixée sur l'axe plein D par la vis τ ; H^1 représente l'axe creux intérieur, auquel la roue des types est fixée par les vis δ et δ^1 ; l'axe creux F^2, entourant l'axe H^1, porte la roue correctrice F. Un petit disque de cuivre, fixé sur l'axe D par la vis α, empêche les axes creux de glisser.

L'axe H^1 de la roue des types traverse la roue correctrice et porte le bras perpendiculaire α. (Voyez la figure 5 qui représente la surface de la roue correctrice tournée vers le bâti). L'extrémité de ce bras est engagée entre les deux branches d'une espèce de fourche, faisant partie du levier $\beta\beta^1$ mobile autour de son centre x. Ce levier est terminé des deux cotés par des parties saillantes courbes, dont l'une ou l'autre, β ou β^1, dépasse toujours la partie pleine de la roue correctrice et couvre l'espace entre deux dents. La figure représente le levier dans ses deux positions. Dans la première la partie saillante β^1 couvre l'espace entre les dents 6 et 7, tandis que la partie β ne dépasse pas la partie pleine de la roue. Dans la seconde position, représentée par un pointillé, l'espace entre les dents 6 et 7 est libre, mais par contre celui entre les dents 1 et 2 est recouvert. La position du bras α a dû changer en conséquence.

Le cliquet h^1, qui s'engage alternativement dans chacune des deux entailles de la pièce β du levier, maintient celui-ci dans l'une ou l'autre des positions susdites, jusqu'à ce que la pièce saillante entre les dents correspondantes soit repoussée.

Puisque le bras α fait corps avec l'axe creux de la roue des types, la position de cette roue change avec celle du levier quand l'une ou l'autre des pièces saillantes β ou β^1 est repoussée. Ce changement-ci est indépendant du mouvement de la roue correctrice.

La même surface de la roue correctrice porte en outre un large cliquet denté i, mobile autour de son axe y. Un ressort courbé r, fixé en Z, tend à pousser le cliquet vers le centre de la roue. Le cliquet porte à son tour un petit tourillon o^1 placé perpendiculairement par rapport à la surface de la roue correctrice.

Le cliquet i et la roue de frottement F^1 sont situés dans le même plan, de manière que les dents du premier s'engagent dans celles de la roue, lorsque le cliquet n'est pas empêché de céder à la sollicitation du ressort r; voyez la figure 5; dans cette position la roue correctrice est liée à la roue de frottement. C'est donc cette dernière qui, par l'intermédiaire du cliquet, fait participer à son mouvement rotatoire la roue correctrice, et en même temps la roue des types au moyen du bras α. Ainsi, les trois roues tournent avec l'axe D durant tout le temps que les dents du cliquet i engrènent avec celles de la roue de frottement, les trois axes n'en formant pour ainsi dire qu'un seul. Lorsque, au contraire, le cliquet est dégagé de la roue F¹, ce qui a lieu quand on soulève le tourillon o¹, la liaison est rompue, et la roue de frottement continue à tourner seule, tandis que les roues F et H restent immobiles.

Dans la figure 4 les trois roues sont vues de côté, les parties précitées étant indiquées par les mêmes lettres.

La roue de frottement n'est qu'une plaque d'acier annulaire et dentée, assez fortement serrée entre deux autres plaques de cuivre. Elle est mobile, avec frottement, autour d'un petit cylindre creux, fixé sur l'axe D par la vis r.

La figure 7 représente la surface de la roue F¹ tournée vers la roue correctrice; elle nous montre une plaque ou un ressort mince et convexe ayant trois entailles. Au moyen des trois vis y^1, qui s'enfoncent jusque dans la plaque π (figure 8), on peut serrer plus ou moins la roue entre les deux plaques, et régler ainsi le frottement. Celui-ci doit être assez fort pour que la roue de frottement, par l'intermédiaire du cliquet o^1, puisse entraîner les deux autres roues. Par contre, il ne doit pas être trop fort, afin d'éviter les chocs qui se produisent lorsque la roue correctrice, en déplaçant celle de frottement, éprouve trop de résistance.

Il résulte de ce qui précède que la roue de frottement sert principalement à communiquer à la roue correctrice, et par suite à celle des types, le mouvement rotatoire de l'axe D. Elle ne peut pas être unie invariablement à l'axe plein, parce qu'elle doit pouvoir être retardée par la roue correctrice, pendant que les roues accomplissent leurs révolutions.

Durant leur mouvement commun la roue correctrice et celle des types peuvent être déplacées également, soit en avant soit en arrière, autour de l'axe D, pour que la dernière soit remise dans sa position normale, — c'est-à-dire de manière qu'un des types se trouve en face du tambour imprimeur, — lorsqu'elle s'en est écartée par l'une ou l'autre cause. De pareilles corrections sont exécutées par l'une des cames de l'axe imprimeur, laquelle pour cette raison porte le nom de *came correctrice*. Celle-ci, en s'engageant entre deux dents de la roue correctrice, la fait avancer ou reculer. Lorsque la came tend à pousser la roue en avant, le cliquet i glisse sur les dents de la roue de frottement; si, au contraire, elle tend à pousser la roue correctrice en arrière, comme le cliquet ne peut reculer sans briser les dents, c'est la roue de frottement elle-même qui recule.

C'est encore pendant la rotation commune des roues que la came correctrice peut agir sur le levier $\beta\beta^1$ (figure 5) et, par l'intermédiaire de celui-ci, sur la roue des types, qu'elle fait avancer ou reculer de $\frac{1}{56}$ de sa circonférence.

En résumé les roues des types, de frottement et de correction ne sont pas unies invariablement, ni entre elles, ni avec l'axe plein D.

Il est nécessaire que la roue correctrice ait un axe indépendant, afin qu'on puisse, soit arrêter la roue des types sans entraver la marche de l'appareil, soit la replacer dans la position normale sans l'arrêter.

La roue des types a un axe spécial, pour qu'elle puisse se mouvoir sans l'aide des autres roues et ainsi rendre possible, comme on le verra plus loin, l'impression des chiffres et des signes de ponctuation.

Le pourtour de la roue des types est divisé en 56 cases, dont celles de rang pair portent les caractères de l'alphabet, et celles de rang impair les chiffres et les signes de ponctuation, de façon que chaque lettre est précédée immédiatement du chiffre ou signe marqué sur la même touche. Quatre cases, dont deux pour le blanc de lettres et deux autres pour le blanc de chiffres, sont vides.

Voici l'ordre dans lequel les vides, les lettres, les chiffres et les signes figurent sur le pourtour de la roue des types:

Blanc de lettres, 1 A 2 B 3 C 4 D 5 E 6 F 7 G 8 H 9 I 0 J . K , L ; M : N ? O ! P ' Q + R — S × ou É T / U = V blanc de chiffres (W) X & Y „ Z

La roue correctrice a 28 dents, en concordance avec le nombre de touches et de goujons distributeurs.

Le pourtour de la roue G (planche 3 figure 3) est recouvert d'une bande de drap ou de feutre imprégnée d'encre oléique.

Cette roue sert de tampon aux types; elle est pressée par un ressort, fixé sur l'axe a^1, contre la roue des types qui l'entraîne avec elle et la fait tourner en sens inverse.

VII

LA DÉTENTE DE LA ROUE DES TYPES.

Pour que dans deux appareils placés aux extrémités d'une ligne on puisse reproduire simultanément les mêmes caractères, il faut non-seulement que le mouvement des horlogeries soit isochrone, mais encore que les roues des types, avant le commencement des transmissions, soient arrêtées dans une même position, et qu'elles reprennent leur marche au même instant lorsqu'un courant traverse les bobines.

Il est également nécessaire que la concordance entre la roue des types et le chariot, chaque fois qu'elle est dérangée, puisse être rétablie, de manière que la lettre voulue se trouve justement en face du tambour imprimeur au moment même où le goujon correspondant est mis au contact avec la lèvre du chariot. Pour arriver à ce but la roue des types peut être arrêtée, au moyen d'un petit mécanisme, dans une position normale, sans que la marche de l'appareil soit entravée. Cette position est celle où l'un des vides de la roue des types, savoir celui correspondant à la touche dite „blanc de lettres," se trouve en face du tambour imprimeur R.

Le mécanisme (planche 3, figure 3) généralement nommé „détente de la roue des types" est composé d'une petite pédale K, des trois leviers J, J^1, J^2, et d'une lame CC^1, dite *lame d'arrêt*, terminée à son extrémité C^1 par un petit plan incliné un peu en saillie et entaillé au sommet. Du coté C la lame est fixée au bâti, de telle façon qu'entre elle et le bâti il reste un vide, dans lequel pénètre le bras J.

Lorsqu'on abaisse la pédale K elle fait tourner un peu l'axe commun a portant les trois leviers précités. Le premier J s'engage derrière la lame d'arrêt, et l'éloigne du bâti en pressant une petite pièce taillée en biseau et fixée à peu près au milieu de la lame. Le plan incliné C^1 se trouve alors dans le champ du tourillon o^1 (figure 5), lequel, à l'état normal, passe librement; mais, dans la position donnée de la lame d'arrêt, le tourillon, arrivé en face du plan incliné, y monte en vertu de la vitesse acquise et s'arrête dans l'entaille.[1]

Le crochet se trouvant à l'extrémité du bras J^2 pénètre en même temps dans l'encoche de l'axe creux de la roue correctrice (figures 3 et 4). La roue correctrice et celle des types sont donc toujours arrêtées dans la même position, et leur repos est doublement assuré.

En montant sur le plan incliné le tourillon o^1 soulève le cliquet i (figure 5), qui se dégage de la roue de frottement F^1 et rompt par conséquent la liaison de celle-ci avec la roue correctrice, de sorte que cette dernière et la roue des types restent immobiles dans la position dite normale, tandis que l'axe plein D et la roue de frottement continuent à tourner.

La pédale K étant relevée, le crochet du bras J^2 abandonne l'encoche de l'axe creux, le bras J quitte la pièce taillée en biseau, la lame d'arrêt se rapproche du bâti, le tourillon o^1 redevient libre, le cliquet i, en vertu de la pression du ressort courbé r, s'engage de nouveau dans les dents de la roue de frottement F^1, et fait ainsi que la roue correctrice et celle des types reprennent part au mouvement de l'axe plein D.

C'est ainsi qu'on peut replacer la roue des types dans sa position normale, chaque fois que la concordance entre elle et le chariot a été rompue.

Le relèvement de la pédale K et des trois leviers J, J^1, J^2, et la liaison qui s'ensuit entre la roue de frottement et la roue correctrice,

---

[1] Dans plusieurs appareils la lame d'arrêt C est fixée au bâti à droite de la roue correctrice. Elle est faite d'acier, et possède ainsi plus d'élasticité que celle de cuivre. Elle est appliquée contre le bâti sans laisser aucun espace vide; seulement, le côté ascendant du plan incliné C^1 est taillé en biseau, de façon qu'un appendice du bras J^1 (remplaçant le bras J) peut s'engager entre ce côté et le bâti et placer le plan incliné dans le champ de rotation du tourillon o^1, lorsqu'on abaisse la pédale K.

sont provoqués par l'axe imprimeur P (planche 4, figure 4). Lorsque cet axe accomplit une révolution, la came correctrice, en pénétrant entre deux dents de la roue correctrice, fait avancer un peu celle-ci, et le tourillon o_1, entraîné et dégagé de l'entaille de C^1, glisse sur le plan incliné descendant. Une autre came de l'axe imprimeur vient buter contre le levier J_1, qu'elle sollicite à se relever conjointement avec la pédale K.

Il est clair que la roue des types, après avoir été arrêtée, doit être remise en rotation au moment même où la lèvre du chariot touche le goujon du blanc de lettres. Pour obtenir que la roue des types tourne en concordance avec le chariot, il faut donc que l'axe imprimeur reprenne aussi son mouvement rotatoire lorsqu'on abaisse la première touche blanche. En abaissant d'abord une autre touche, le but pour lequel on avait arrêté la roue des types ne serait pas atteint; il est éludé aussi lorsque la rotation de l'axe imprimeur est sollicitée par un courant étranger.

Pour éviter l'effet des courants étrangers pendant qu'on abaisse la pédale K, celle-ci est munie d'une pièce isolante portant un petit ressort w^1, lequel, au moyen du fil en spirale λ, est mis en communication avec la ligne. [1]

Le bouton K ne fait pas corps avec le levier K a. Sa partie inférieure, de cuivre, passe dans un trou du levier, et est soutenue par un petit ressort à boudin fixé au levier ou placé entre celui-ci et le bouton. Quand on abaisse ce dernier, sa partie inférieure touche le ressort w^1; ce contact n'est rompu que lorsqu'on abandonne le bouton. Un courant qui arrive de la ligne, durant le contact, passe à la terre par le fil λ, le ressort w^1, le levier K a, le bâti et l'axe du chariot, sans traverser les bobines de l'électro-aimant. De cette manière il ne fait aucun effet sur l'axe imprimeur, et ne peut empêcher qu'on arrête la roue des types.

---

[1] Dans les appareils d'un nouveau modèle le fil en spirale λ est remplacé par un fil d'acier et une petite pièce de cuivre en communication avec la ligne au moyen d'un fil recouvert.

VIII

L'AXE IMPRIMEUR.

L'axe imprimeur remplit plusieurs fonctions.

En premier lieu il provoque l'impression des types, en frappant, au moment donné, le tambour imprimeur avec la bande de papier contre la roue des types. A chaque émission de courant cet axe doit tourner rapidement, mais ne faire qu'une seule révolution. Pour cela il faut qu'il soit lié, par l'effet du courant et par l'intermédiaire du levier désembrayeur, à une partie de l'appareil ayant une grande vitesse de rotation, — savoir à l'axe du volant, — et que cette liaison soit rompue après chaque tour de l'axe imprimeur.

Ces deux axes sont embrayés de la même manière que les axes D et H^1 de la roue des types, c'est-à-dire, au moyen d'un cliquet et d'une roue dentée; mais la disposition du mécanisme est autre, parce que le mouvement de l'axe imprimeur n'est pas arrêté à volonté par une force étrangère, comme il arrive pour la roue des types, mais que le désembrayement a lieu automatiquement et régulièrement après chaque révolution.

La roue à rochet l (planche 4, figures 3 et 4) est fixée à l'extrémité de l'axe L du volant. L'axe imprimeur P porte une pièce QQ^1, nommée *plaque d'échappement*, sur laquelle, du côté de la roue à rochet et tout près de Q, est fixé un large cliquet t, pressé par un ressort courbé r que porte la partie Q^1 de la plaque. Ce cliquet, mobile autour de la vis t^1, se trouve au-dessus de la roue à rochet l, dans les dents de laquelle il s'engage lorsqu'il est libre de céder à l'action du ressort. L'embrayement ayant eu lieu, la roue entraîne dans sa rotation le cliquet avec la plaque d'échappement et par conséquent aussi l'axe imprimeur; à ce moment les deux axes n'en forment pour ainsi dire qu'un seul.

Lorsque le cliquet est dégagé de l'une ou l'autre manière des dents de la roue l et qu'il reste soulevé, la roue seule continue à tourner, tandis que l'axe imprimeur s'arrête. Ce désembrayement est effectué après chaque révolution par l'appareil lui-même, comme on le verra plus loin.

Le cliquet d'embrayage porte un appendice q (figure 9), en forme de prisme triangulaire ayant le sommet de sa section normale tourné en bas. Un autre prisme triangulaire d'acier c, dont le sommet regarde en haut, est fixé derrière la roue à rochet sur le pont n (figures 3, 4, 7 et 8), qui porte également l'axe du volant (indiqué par L sur la planche 2, figure 1); on le nomme *prisme fixe*. Il est placé de manière à se trouver dans le champ de l'appendice prismatique q.

La fonction de ces parties est très analogue à celle que remplissent le tourillon o^1 du cliquet de la roue correctrice et le plan incliné C^1 (planche 3, figures 3 et 4). De même que, lorsque la lame d'arrêt CC^1 est éloignée du bâti, le tourillon du cliquet monte sur le plan incliné C^1 et s'arrête dans l'entaille de celui-ci, de même lorsque la plaque d'échappement fait une révolution, l'appendice prismatique q monte sur le plan incliné du prisme fixe c et passe même par dessus son sommet, le cliquet est soulevé et dégagé des dents de la roue l, la liaison des deux axes est rompue; l'axe du volant seul continue à tourner.

L'appendice q du cliquet t est retenu sur le plan incliné descendant du prisme fixe c tant que l'axe imprimeur doit rester à l'état de repos; il en glisse seulement, pour faire engrener les dents du cliquet avec celles de la roue à rochet, au moment où le courant traverse le fil de l'électro-aimant. La première fonction, celle d'arrêt, est remplie par un prisme quadrilatère p (figure 12) fixé à la partie Q de la plaque d'échappement. A chaque révolution de celle-ci, le prisme s'avance sur l'extrémité arrondie du levier $b^1\,b$ B (figure 2) et vient buter contre une encoche; la plaque d'échappement est arrêtée, et l'appendice q se trouve retenu sur le plan incliné descendant du prisme c.

La plaque QQ^1 est munie encore d'une came excentrique e (figures 11 et 12), qui pendant la rotation soulève l'extrémité B du levier désembrayeur et ramène celui-ci dans sa position primitive; l'autre extrémité, au moyen de la vis b^1, replace en même temps l'armature sur l'électro-aimant, de façon qu'après chaque révolution de l'axe imprimeur l'appareil est disposé à reproduire un nouveau type.

La figure 2 représente le levier désembrayeur et la plaque d'échappement à l'état de repos. L'extrémité gauche du levier se trouve au-dessus et très-rapprochée de l'armature, sans que la vis b^1 y touche; la partie inférieure de l'extrémité B est placée précisément derrière la partie postérieure de l'excentrique e; le prisme quadrilatère repose contre l'encoche du levier; le cliquet t est soulevé et dégagé des dents de la roue à rochet l; l'appendice prismatique q est retenu sur le plan incliné descendant, tout près du sommet du prisme fixe (figure 7). La figure 3 montre les mêmes parties, dans la même position, mais vues de côté et de manière que l'axe imprimeur P se trouve à gauche et celui du volant L à droite. La figure 4 en donne la projection horizontale.

Lorsqu'un courant traverse le fil de l'électro-aimant et que par conséquent l'armature se soulève, celle-ci vient frapper contre la vis b^1 et fait basculer le levier désembrayeur. Le prisme p', devenu libre, permet à la plaque QQ^1 de se mouvoir; l'appendice q, en vertu de la pression du ressort r et d'une disposition expliquée plus loin, glisse sur le plan incliné descendant du prisme fixe c, et le ressort r fait engrener le cliquet t avec la roue l, laquelle évidemment entraîne l'axe imprimeur.

Pour que l'appendice prismatique du cliquet t puisse monter sur le plan incliné ascendant du prisme fixe c et passer au-dessus du sommet de celui-ci, il est nécessaire que la roue à rochet tourne avec une grande vitesse. Le désembrayement n'aurait pas lieu si la vitesse requise venait à manquer.

La figure 6 fait voir deux positions du levier désembrayeur et de la plaque d'échappement. La première, indiquée par un pointillé, est celle prise au moment où l'embrayement des deux axes est effectué et où par conséquent la rotation commence. Dans cette position, l'armature ainsi que le bras gauche du levier sont déjà soulevés, l'extrémité B de l'autre bras touche presque à l'axe P, l'appendice prismatique du cliquet t n'est plus retenu et les dents du cliquet vont s'engager dans celles de la roue à rochet. L'autre position, indiquée par des lignes pleines, est prise après un demi-tour de l'axe imprimeur. Le cliquet est engagé dans les dents de la roue, l'extrémité B du levier est relevée par la came e; le bras $b\ b^1$ est abaissé et a par conséquent replacé l'armature sur l'électro-aimant au moyen de la vis b^1. Lorsque le mouvement continue, le prisme quadrilatère monte sur l'extrémité arrondie B du levier désembrayeur; celui-ci ayant alors un peu plus de jeu, grâce à la forme en croissant de la came excentrique e, son bras $b\ b^1$ se relève un peu, et la vis b^1 ne touche plus l'armature; le prisme p bute contre l'encoche, qui l'arrête, et le levier est remis à l'état de repos.

L'appendice prismatique q, en passant au-dessus du sommet du prisme fixe c, a dégagé le cliquet de la roue à rochet l; la liaison des deux axes est donc rompue. L'axe imprimeur reste à l'état de repos, jusqu'à ce qu'une nouvelle répulsion de l'armature soit produite par l'effet d'un courant.

En résumé l'axe imprimeur provoque:

1º l'embrayement des deux axes L et P, au moyen du cliquet t;

2º le replacement à l'état de repos du levier désembrayeur et par conséquent de l'armature, au moyen de la came excentrique e;

3º le désembrayement, après chaque révolution, du cliquet t au moyen de son appendice prismatique, l'arrêt de la plaque d'échappement par le prisme p.

Pour que l'extrémité du levier B puisse résister au choc du prisme p contre l'encoche, le levier ne doit pas pouvoir basculer trop facilement, de peur que la plaque d'échappement ne le fasse vibrer, d'où il pourrait résulter des rotations de l'axe imprimeur sans qu'un nouveau courant traverse les bobines de l'électro-aimant. C'est au moyen du ressort d^2 (planche 2, figure 1) qu'on donne au levier la résistance voulue. Ce ressort est fixé sur le pont du chariot; il agit sur un petit appendice de l'axe du levier, de telle sorte qu'il tend à abaisser le bras $b^1\ b$, conséquemment à assurer l'état de repos.

Le mouvement descendant du bras b B est limité par la pièce rectangulaire k (planche 4, figure 6.)

L'axe imprimeur porte en avant du bâti quatre cames de différentes formes y, x, v, u (planche 4, figures 11 et 12). La première produit l'impression, la deuxième sert à régler le mouvement du papier.

La bande de papier est soutenue par un support à ressort y (planches 1 et 2) et guidée par les pièces cylindriques n^2, n^3 (planche 3, figure 3). Elle passe sur le tambour R, dont l'axe est fixé au *levier imprimeur* n n^2, mobile autour l'axe n^2. Ce levier est terminé par une fourche, dont la branche supérieure porte une pointe en forme de bec, glissant sur l'axe imprimeur. Lorsque ce dernier exécute une révolution, la came y rencontre le bec de la fourche et la soulève brusquement avec le levier n n^2 et le tambour imprimeur. Le papier, qui passe sur le tambour, s'applique contre la roue des types et prend l'empreinte du caractère se trouvant en face. L'impression proprement dite se fait, en moyenne, en $\frac{1}{210}$ d'une seconde.

Après l'impression le tambour retombe dans sa position normale, en vertu de son propre poids et à l'aide du bras inférieur de la fourche du levier imprimeur. Pour que le mouvement ascendant du levier n n^2 soit très rapide, la came z est étroite et aiguë.

Le papier est maintenu contre le tambour imprimeur par une fourche courbée de cuivre et deux ressorts plats accouplés [1]. Le tambour est muni à chaque côté de deux petites rangées de dents, qui font avancer régulièrement la bande lorsque l'impression a eu lieu, et qui l'empêchent de glisser à la surface du tambour.

La petite roue dentée r^1 fait corps avec l'extrémité postérieure du tambour imprimeur. Un cliquet à ressaut h s'engage entre les dents de cette roue; il est fixé au levier n^1 n^2, le *levier pour le mouvement du papier*, également mobile autour de l'axe n^2. Ce levier est constamment soulevé par un ressort fixé au

---

[1] Dans les appareils d'une construction récente la fourche de cuivre et les ressorts plats sont remplacés par une fourche d'ivoire pressée contre le tambour par un ressort à fil d'acier.

bâti de l'appareil. Le cliquet h est mobile autour d'un axe supporté par un appendice vertical du levier $n^1 n^2$; il est pressé contre la roue dentée r^1 par un petit ressort à boudin.

La came x (planche 4, figure 12), destinée à faire tourner le tambour imprimeur, est disposée en hélice ou plutôt en colimaçon.

L'extrémité libre du levier $n^1 n^2$ est recourbée et placée dans le plan de rotation de la came x; à l'état de repos elle s'appuie contre la partie plate de la came avec la force résultant de la pression du ressort fixé au bâti.

La came helicoïdale, en tournant avec l'axe imprimeur, agit sur le levier $n^1 n^2$ et l'abaisse avec son cliquet h; celui-ci fait avancer d'une dent la roue r^1, et par conséquent le tambour imprimeur ainsi que la bande de papier.

La came x ayant rempli sa fonction, le levier $n^1 n^2$ et le cliquet h sont relevés et replacés dans leur position normale; le dernier s'engrène avec la dent suivante de la roue r.

Grâce à sa forme helicoïdale la came x agit sur le levier $n^1 n^2$ de façon que celui-ci s'abaisse graduellement. C'est aussi grâce à elle que le tambour imprimeur, par l'action combinée des deux leviers au moment de l'impression, décrit un arc dont le développement est à peu près égal à celui de l'arc décrit par la roue des types, et puisque celle-ci et la bande de papier se meuvent dans le même sens, il est clair que les caractères ne frottent pas sur le papier.

L'axe imprimeur ayant accompli sa révolution, le levier $n^1 n^2$ vient se replacer contre la partie plate de la came helicoïdale, sur laquelle il exerce une certaine pression tendant à faire tourner l'axe; toutefois celui-ci est arrêté par le prisme quadrilatère p, reposant dans l'encoche du levier désembrayeur; mais lorsque le bras B de ce levier s'abaisse et que par conséquent le prisme est dégagé, — c'est-à-dire au moment où l'armature commence à faire basculer le levier, — l'axe imprimeur est sollicité à tourner, en premier lieu par la pression susdite, et en second lieu par le ressort courbé du cliquet t, lequel fait glisser l'appendice prismatique q sur le plan incliné descendant du prisme fixe c.

La *came correctrice* v (planche 4, figures 1, 11 et 12), dont nous avons déjà parlé, a plusieurs fonctions à remplir. Elle corrige d'abord les petits retards qu'éprouve la roue des types par l'impression des caractères, et les petites différences de mouvement des roues des types correspondantes, ayant leur origine dans un isochronisme imparfait. Grâce à cette correction, il peut y avoir concordance entre le chariot de l'appareil transmetteur et les roues des types de deux appareils correspondants.

A l'état de repos la came correctrice est au contact avec le ressort isolé w. Lorsque l'axe imprimeur exécute une révolution, la came pénètre entre deux dents de la roue correctrice F (planche 4, figure 1, pointillé); en faisant avancer ou reculer celle-ci, elle place la roue des types dans une position telle que le caractère à reproduire se trouve exactement en face du papier.

Dans un chapitre précédent, en parlant de la roue de frottement, nous avons expliqué comment celle-ci et la roue correctrice avec son cliquet contribuent à effectuer les corrections voulues. Nous avons à ajouter seulement que les dents de la roue de frottement sont très-fines et très-rapprochées les unes des autres, pour que les moindres corrections puissent être réalisées, et qu'en outre elles ont la forme représentée par les figures 7 et 8 de la planche 3.

Les déplacements des roues de correction et de frottement demandent beaucoup de force, et peuvent produire dans la marche de l'appareil des chocs et des irrégularités, qu'il faut tâcher d'éviter en soignant le synchronisme des appareils correspondants.

La came correctrice est en acier trempé. Lorsqu'elle est usée, on la rechange en l'ôtant de sa boîte v^1 calée sur l'axe imprimeur. Du reste, la goupille est assez longue pour qu'on puisse la retourner dans sa boîte, de façon à utiliser aussi sa partie conservée.

La quatrième came u (planche 4, figures 11 et 12) agit de telle sorte, que la roue des types, en reprenant sa marche après avoir été arrêtée, ne rencontre aucun obstacle à accomplir ses rotations. Elle porte un petit tourillon qui, au premier tour de l'axe imprimeur, soulève le bras J^1 (planche 3, figure 3) et, avec lui, le système de leviers constituant la détente de la roue des types. (Voyez le chapitre „La détente de la roue des types.")

A l'état de repos la position de l'axe imprimeur est telle que la came correctrice se trouve en communication avec le ressort isolé w (planche 4, figure 1), que le sommet de la came y est tourné en bas, et que le côté plat de la came hélicoïdale x touche à la partie recourbée n^1 du levier pour le mouvement du papier; la quatrième came u est alors placée à gauche. Cette position des cames est représentée par la figure 11.

Lorsque la rotation de l'axe imprimeur commence, la came correctrice v agit en premier lieu, ensuite la came y provoquant l'impression, puis la came x faisant avancer le papier, et enfin, si la roue des types a été arrêtée, la came u.

Il est évident qu'un courant, traversant l'appareil pendant que l'axe imprimeur accomplit une révolution, ne fait aucun effet; c'est seulement lorsque l'armature est replacée sur l'électro-aimant et que le levier désembrayeur est retourné à l'état de repos, que l'appareil est disposé à reproduire un nouveau type. Le temps écoulé entre deux courants successifs doit être au moins égal à la durée d'une révolution. L'axe du volant tourne avec une vitesse sept fois plus grande que l'axe de la roue des types et celui du chariot. Quand l'axe imprimeur, entraîné par le premier, a exécuté une révolution entière, le chariot n'a donc pu faire que la septième partie de sa course, de sorte que la lèvre se trouve en face du quatrième goujon succédant à celui qui a été mis au contact en dernier lieu. Il s'ensuit qu'après l'impression d'un caractère on ne peut reproduire, durant une même révolution du chariot, que les types séparés les uns des autres, sur le clavier, d'au moins quatre touches.

IX

LE MÉCANISME POUR LA REPRODUCTION DES CHIFFRES.

Lorsqu'on fait osciller le levier $\beta\beta^1$) planche 3, figure 5), en repoussant une de ses extrémités saillantes, on déplace la roue des types d'un angle égal à $\frac{1}{58}$ de tour, c'est-à-dire, de la moitié de la distance entre deux lettres ou deux chiffres.

La roue des types étant placée de manière qu'une division ou case paire de son pourtour se trouve en face du tambour imprimeur, on ne reproduit que des lettres en abaissant des touches, puisque le nombre d'intervalles, que doit parcourir le chariot pour se mettre en communication avec des goujons soulevés successifs, fait toujours un multiple de $\frac{1}{28}$ de circonférence. Mais si l'on déplace la roue des types d'un angle égal à $\frac{1}{58}$ de tour, les signaux imprimés seront des chiffres ou des signes figurant sur les cases impaires du pourtour.

Le déplacement du levier $\beta\beta^1$ se fait au moyen de la came correctrice v. Nous savons que cette came, à chaque révolution de l'axe imprimeur, pénètre entre deux dents de la roue correctrice, afin de placer la roue des types dans la position requise. Si elle doit pénétrer là où l'intervalle entre deux dents est occupé ou plutôt couvert par l'une des extrémités saillantes $\beta\beta^1$, elle repousse celle-ci, et par conséquent fait osciller le levier et le bras α, de manière que la roue des types soit déplacée de $\frac{1}{58}$ de tour.

Chaque intervalle entre deux dents de la roue correctrice correspond à une touche déterminée, et par suite de la concordance entre le mouvement de la roue et celui du chariot, il est évident que la came correctrice s'engage dans l'intervalle correspondant à la touche abaissée. Dans un chapitre précédent nous avons déjà fait observer que les extrémités saillantes du levier $\beta\beta^1$ occupent alternativement soit l'intervalle correspondant à la touche „blanc de lettres", soit celui du „blanc de chiffres."

Avant de commencer la transmission la roue des types est arrêtée, et par conséquent placée dans une position telle que la case vide correspondant au „blanc de lettres", se trouve à peu près en face du tambour imprimeur. Lorsque par l'abaissement de la première touche blanche, on déclenche la roue des types, la came correctrice pénètre entre les dents 1 et 2 de la roue correctrice, on reproduit des lettres, et les séparations des mots sont obtenues en abaissant la même touche „blanc de lettres."

Pour reproduire des chiffres on abaisse la touche „blanc de chiffres." La came correctrice, pénétrant maintenant entre les dents 6 et 7, repousse l'extrémité saillante qui occupe l'intervalle, et déplace sur son axe la roue des types de la demi-distance entre deux lettres. Tous les types reproduits ensuite sont des chiffres ou des signes de ponctuation, et les séparations des nombres sont obtenues par l'abaissement de la même touche „blanc de chiffres."

On ne peut reproduire alternativement des lettres et des chiffres qu'après avoir premièrement abaissé la touche blanche correspondante. Pour reproduire des chiffres immédiatement après que la roue des types a été arrêtée, il faut donc abaisser l'un après l'autre le blanc de lettres et celui de chiffres: le premier pour faire concorder la roue des types avec le chariot, le second pour donner à la roue des types une position telle qu'elle imprime des chiffres.

Il résulte de ce qui précède, que si l'on transmet alternativement des lettres et des chiffres, il y aura toujours sur la bande de papier un intervalle entre eux. On évite cet inconvénient en se servant du mécanisme que nous allons décrire.

Pour qu'il n'y ait pas d'intervalle sur le papier, lorsqu'on abaisse la touche blanche qui correspond au passage de l'impression des lettres à celle des chiffres, ou vice versa, il faut que le papier soit arrêté, ce qui aura lieu si l'on empêche le cliquet à ressaut h (planche 4, figure 13) de s'engager, durant son mouvement descendant, dans la roue dentée r^1. Ce but est atteint de la manière suivante:

Deux rainures étroites sont percées dans la roue correctrice tout près de son contour et vis-à-vis des intervalles des dents 1—2 et 6—7; elles sont indiquées par $\delta\delta^1$ dans la figure 5 de la planche 3 et dans la figure 13 de la planche 4.

Le levier $\beta\beta^1$ porte deux tourillons, qui traversent ces rainures et dépassent à peu près d'un millimètre la surface antérieure de la roue. La forme des rainures est déterminée de telle façon que les tourillons y puissent osciller librement durant le mouvement du levier. Les côtés longitudinaux des rainures forment des arcs ayant leur centre dans l'axe du levier $\beta\beta^1$, c'est-à-dire en x; leur longueur est égale à l'arc que décrivent les tourillons lorsque le levier bascule. Les rainures sont comprises entre deux arcs parallèles au contour de la roue.

Lorsque le levier $\beta\beta^1$ (planche 3, figure 5) est placé de façon que l'extrémité saillante occupe l'intervalle des dents 6—7 de la roue correctrice, les tourillons se trouvent en δ; dans l'autre position du levier, indiquée par un pointillé, ils se trouvent en δ^1. Chaque fois donc que la roue des types est déplacée, soit pour l'impression des chiffres ou pour celle des lettres, la position des tourillons change en même temps que celle du levier $\beta\beta^1$. Les tourillons se meuvent durant tout le temps qu'agit la came correctrice sur la pièce saillante du levier.

Sur le pont p^1 (planche 4, figure 13), qui soutient l'extrémité antérieure de l'axe imprimeur, un bras recourbé g est fixé au moyen des vis s^2. La figure 17 le représente séparément et vu de l'autre côté. Il porte un levier à deux bras courbes, mobile autour de l'axe o.

A l'état normal, le bras de levier $o\,k^1$ repose sur la cheville i fixée à la pièce g; il fait corps avec la pièce $k^1\,k$ qui, vue de côté, touche presque à la roue correctrice, et dont la courbe est parallèle au contour de cette roue.

Le cliquet à ressaut h porte une goupille z, placée horizontalement, contre laquelle, à l'état de repos, s'appuie le second bras de levier j, de manière que, le bras supérieur $o\,k$ étant soulevé, le bras j pousse la goupille et éloigne de la roue r^1 le cliquet h. Cette position est indiquée dans la figure par un pointillé.

Si maintenant, pendant que la came x fait faire un mouvement descendant au levier $n^1 n^2$ et par conséquent au cliquet h, le soulèvement de la pièce $k^1 k$ du bras $o k$ mettant en action le bras inférieur j, empêche le cliquet de s'engager dans les dents de la roue r^1, le papier n'avancera pas.

Il faut se représenter clairement la position de la pièce $k^1 k$ par rapport aux tourillons $\delta \delta^1$ pour avoir une bonne idée de la manière dont cette pièce est soulevée par ces tourillons.

Supposons que ceux-ci se trouvent dans la position indiquée par $\delta \delta^1$ (planche 3, figure 5) concordant avec celle qu'occupe la roue des types prête à imprimer des chiffres. Lorsque la roue accomplit une révolution, les tourillons décrivent deux cercles, entre lesquels, à l'état de repos du levier $\beta \beta^1$, est placée la pièce $k^1 k$, courbée parallèlement à la circonférence de la roue. Les tourillons passent donc des deux côtés de la dite pièce.

Abaisse-t-on maintenant la touche „blanc de chiffres", la came correctrice pénètre dans l'intervalle libre entre les dents 6 et 7 et par conséquent ne change rien à la position des tourillons, lesquels continuent à passer l'un au-dessus, l'autre en dessous de la pièce $k^1 k$; le cliquet h fait avancer le papier comme à l'ordinaire.

Mais si l'on abaisse la première touche blanche, pour passer aux lettres, la came correctrice repousse d'entre les dents 1 et 2 de la roue correctrice l'extrémité saillante β; en vertu de l'oscillation du levier $\beta \beta^1$, le tourillon δ^1 se soulève dans sa rainure et, dans ce mouvement ascendant, entraîne la pièce $k^1 k$. L'autre tourillon a déjà fini de passer au-dessus de cette pièce, au moment où la came correctrice pénètre entre les dents 1 et 2.

Durant le soulèvement de la pièce $k^1 k$, le bras inférieur j agit sur le cliquet h et l'empêche de s'engager dans la roue du tambour imprimeur; le papier ne peut donc avancer. Cette opération est répétée chaque fois qu'on passe des lettres aux chiffres ou des chiffres aux lettres.

Si l'on abaisse pour la seconde fois le „blanc de lettres", la came correctrice pénètre encore dans l'intervalle 1—2, mais puisque l'extrémité saillante a déjà été enfoncée la première fois, aucun mouvement du levier $\beta\beta^1$ et de ses tourillons n'a lieu cette fois-ci. Ces derniers passent des deux côtés de la pièce k^1k, le cliquet h s'engage dans la roue du tambour imprimeur et fait avancer le papier.

Il résulte de ce qui précède que, pour la transmission de dépêches, il faut agir de la manière suivante:

La reproduction d'un groupe composé de lettres et de chiffres est obtenue en déplaçant la roue des types comme à l'ordinaire au moyen des touches correspondantes. Grâce au mécanisme qui vient d'être décrit, il n'y aura pas d'intervalles entre les types imprimés sur la bande.

Lorsque le premier type d'un groupe appartient à la catégorie de celui par lequel le groupe précédent s'est terminé, l'intervalle entre les deux groupes est reproduit en abaissant la touche correspondante, c'est-à-dire, pour les lettres le „blanc de lettres", pour les chiffres le „blanc de chiffres". C'est alors que le levier $\beta\beta^1$ n'est pas déplacé et ne peut par conséquent agir sur le cliquet h.

Mais si un groupe se termine par exemple par un chiffre, tandis que le suivant commence par une lettre, on peut premièrement abaisser le „blanc de lettres", afin que la roue des types prenne la position voulue pour l'impression des lettres, puis séparer les groupes en abaissant encore une fois la même touche; ou bien, ce qui revient au même, l'on abaisse d'abord le „blanc de chiffres" pour faire avancer le papier, et immédiatement après le „blanc de lettres" pour déplacer la roue des types.

X

COMMUNICATIONS.

La communication des différentes parties de l'appareil, tant entre elles qu'avec la ligne, la pile et la terre, est représentée par les figures 1 et 2 de la planche 5. Les pièces servant à la translation et fixées à l'armature et à son bâti, sont représentées séparément et en grandeur d'exécution par les figures 3 et 4.

La figure 5 est le croquis des communications d'un appareil intermédiaire monté en translateur.

Afin de pouvoir suivre la marche du courant, il est nécessaire de savoir lesquelles des parties de l'instrument sont isolées du bâti ou massif, et lesquelles sont en communication avec lui.

Sont isolés:

1º. la partie inférieure de l'axe du chariot, lorsque la lèvre est soulevée;
2º. le rejeteur;
3º. la boîte à goujons et les goujons distributeurs, tant qu'un ou plusieurs de ceux-ci ne sont pas mis au contact avec la lèvre;
4º. le ressort de la came correctrice, lorsque celle-ci ne le touche pas; mais lorsque ces deux pièces sont mises au contact, le ressort est en communication avec le massif;
5º. le ressort w^1 de la détente de la roue des types, tant qu'il n'est pas mis au contact avec la partie inférieure du bouton K de la pédale.

Sont en communication permanente avec le massif et par conséquent entre eux:

1º. la partie supérieure de l'axe du chariot, au moyen de son pont;
2º. le levier désembrayeur, au moyen de son axe;
3º. la came correctrice;
4º. la détente de la roue des types.

Le pôle positif de la pile étant mis en communication avec la boîte à goujons, et la lèvre du chariot n'étant pas soulevée, l'axe du chariot et le massif sont en communication avec le pôle négatif; les goujons représentent alors le pôle positif, le chariot et le massif, le pôle négatif.

Mais lorsque la lèvre est soulevée par un goujon, et que par conséquent les deux parties de l'axe du chariot sont isolées l'une de l'autre, la partie inférieure représente le pôle négatif, tandis que la partie supérieure ainsi que le massif forment le pôle positif.

Lorsque le circuit vient d'être fermé, le courant n'a pas immédiatement sa force maximum; il y arrive seulement après que son intensité a augmenté graduellement. Ayant suffisamment neutralisé l'influence de l'aimant permanent, de façon que l'armature est soulevée, le courant trouve une dérivation qui le fait passer soit dans la terre, soit sur la ligne, sans traverser les bobines de l'électro-aimant. Car lorsque l'armature est au contact avec la vis du levier désembrayeur, une communication de peu de résistance est établie entre le chariot et le commutateur. Le courant suit la nouvelle voie et arrive au bureau correspondant plus intense que s'il avait dû parcourir continuellement les bobines; en même temps, l'électro-aimant lui-même peut retourner à son état normal.

Grâce à cet arrangement, l'influence du courant sur l'électro-aimant est à peu près invariable; seulement, un courant de beaucoup d'intensité mettra peu de temps à la neutralisation du magnétisme induit; un courant faible y emploiera un temps plus long.

Si la dérivation dont il s'agit venait à manquer, un réglage continuel serait nécessaire; évidemment la tension du ressort variable devrait être autre pour le courant partant que pour celui qui arrive.

Cette dérivation nous procure un autre avantage très important, comme nous allons le voir.

Lorsque l'armature s'éloigne des pôles de l'électro-aimant, il se développe dans les bobines un courant induit ayant une direction contraire au courant de la pile, augmentant par conséquent la force attractive de l'aimant permanent. Quand l'armature est ramenée au contact de l'électro-aimant, il se produit une nouvelle modification dans l'état magnétique de l'aimant, qui développe un courant induit de même sens que celui de la pile.

Si la résistance de la ligne est considérable, le courant induit a peu d'influence; mais si la ligne est très courte, le courant qui se développe au bureau d'expédition, par le soulèvement de l'armature, fait qu'au bureau de réception l'armature reste au contact; tandis que le courant induit qui se développe lorsque l'armature est ramenée sur l'électro-aimant, agit comme un nouveau courant, envoyé par l'abaissement d'une autre touche, au moment où l'axe imprimeur achève sa révolution.

Pour remédier à cette cause de trouble, le bâti de l'appareil n'est mis en communication avec le fil de l'électro-aimant qu'au moyen du ressort isolé w, — lequel, à l'état de repos de l'axe imprimeur, touche la came correctrice, — de manière qu'un courant doit nécessairement passer par ce ressort pour arriver dans les bobines. Aussitôt que l'axe imprimeur commence à tourner, la came correctrice se sépare du ressort isolé, et la communication avec le fil de l'électro-aimant est interrompue; le courant induit ne peut par conséquent circuler, ou plutôt, l'induction n'a pu développer de courant. C'est seulement lorsque l'axe imprimeur a achevé son tour complet, qu'un nouveau courant peut traverser les bobines, mais à ce moment-là l'armature est déjà ramenée au contact et on n'a plus rien à craindre de l'induction.

La marche du courant est facile à comprendre.

Au poste transmetteur, au moment où la lèvre du chariot monte sur le goujon, soulevé par l'abaissement d'une touche, le courant traverse le goujon, la lèvre, la partie supérieure de l'axe du chariot, le massif, l'axe imprimeur, la came correctrice, le ressort isolé, le commutateur (dans lequel les chevilles sont placées diagonalement), le fil de l'électro-aimant, encore le commutateur, l'interrupteur et le galvanomètre, pour se rendre sur la ligne. L'armature, se soulevant, vient rencontrer le levier désembrayeur, et aussitôt le circuit dérivé se ferme; du massif le courant passe sur le levier désembrayeur, l'armature, le commutateur, etc., sans traverser les bobines de l'électro-aimant.

Au poste récepteur, le courant arrive à la borne „Ligne", traverse le galvanomètre, l'interrupteur, le commutateur, le fil de l'électro-aimant, le commutateur, le ressort isolé, la came correctrice, le bâti ou massif, les deux parties de l'axe du chariot (qui communiquent entre elles au moyen de la vis de contact) et se rend à la terre. Aussitôt que l'armature s'éloigne, le courant cesse de traverser les bobines; il se rend à la terre en passant directement du commutateur à l'armature, puis en traversant le levier désembrayeur, le massif et le chariot.

Aux postes correspondants, les pôles de la pile sont attachés aux bornes „Pile" et „Terre", de façon que le courant envoyé traverse les bobines de l'électro-aimant dans le même sens que le courant qui arrive.

Les communications de l'appareil monté en translation sont représentées par la figure 2 de la planche 5. L'instrument fonctionne comme relais, lorsque la manivelle de l'interrupteur est mise au contact avec la borne 2. Chaque fois que l'armature est soulevée, son ressort isolé (figure 3) rencontre la vis qui communique avec un des pôles de la pile. Aussi longtemps que l'armature reste au contact, le ressort est en communication avec le bâti; le courant du poste transmetteur trouve ainsi un passage dans cet appareil-ci, pour se rendre à l'appareil translateur.

La figure 5 nous représente les communications d'un appareil intermédiaire, pouvant fonctionner comme relais. Lorsque la manivelle de l'interrupteur est mise au contact avec la borne 1, l'appareil fonctionne simplement comme celui d'un bureau dans un fil omnibus. Lorque la manivelle est mise au contact avec la borne 2, le courant, arrivant par exemple du poste A par la ligne 1, traverse au poste intermédiaire B le galvanomètre, l'interrupteur, le ressort isolé et le bâti de l'armature, le commutateur, les bobines, la came correctrice, le chariot, et se rend au poste C par la ligne 2. L'armature du poste B étant soulevée, son ressort isolé touche la vis qui est en communication avec le pôle z. Le circuit de la pile de ce poste est maintenant fermé. Le courant en partant du pôle k, traverse la ligne 2, se rend au poste C, en revient par la terre au poste A, et retourne par la ligne 1 au poste intermédiaire B, où il traverse le galvanomètre, l'interrupteur, le ressort et la vis isolée de l'armature, pour aboutir au pôle z. Il est évident que le courant du poste B renforce celui du poste A ou C, et de cette manière fait en quelque sorte la fonction de relais.

Pour faire l'essai local d'un appareil, on attache l'un des pôles d'une pile, composée seulement de trois éléments, à la borne „Pile", l'autre à la borne „Terre"; tandis qu'on fait communiquer la borne „Ligne" avec „Terre", au moyen d'un fil de cuivre.

Lorsque pour un essai local on relie deux appareils, comme s'ils étaient placés sur une ligne, et qu'on se sert d'un courant très-faible, les courants induits sont tellement gênants qu'il est impossible de travailler régulièrement. On peut y remédier en employant des piles plus fortes et en diminuant la tension du ressort variable, en d'autres termes, en rendant l'appareil moins sensible.

On peut éviter aussi l'effet des courants induits, en établissant une dérivation entre les fils qui représentent la ligne et la terre.

Pour l'essai local de deux appareils, la méthode suivante est préférable à celle qui précède.

Prenez pour chaque appareil une pile composée de six éléments; attachez l'un des pôles à la borne „Pile", l'autre à la borne „Ligne"; réunissez encore par un fil métallique les bornes „Ligne" ainsi que les deux massifs. Le courant de la pile sera bifurqué et les deux courants induits, traversant les bobines de chaque appareil en sens inverse, neutraliseront réciproquement leur effet.

Au lieu de deux piles séparées on peut en employer une seule, mais alors il faut réunir encore par un fil métallique les bornes „Pile".

On procède de la même manière pour l'essai local de trois ou d'un plus grand nombre d'appareils.

XI

JEU DE L'APPAREIL.

Supposons qu'aux deux postes correspondants la roue des types soit arrêtée par l'abaissement de la pédale Ka. Comme nous l'avons vu, le bras J (planche 3, figure 3) s'appuie alors contre la petite pièce en biseau de la lame d'arrêt CC^1; le crochet du bras J^2 est engagé dans l'encoche de l'axe creux de la roue correctrice F; le cliquet i de la roue correctrice, soulevé par le tourillon o^1, qui repose dans la rainure du plan incliné C^1, est dégagé des dents de la roue de frottement; celle-ci tourne seule.

Le prisme p (planche 4, figure 2) de la plaque d'échappement est arrêté par l'encoche du levier désembrayeur; le cliquet embrayeur est soulevé par son appendice prismatique, qui se trouve retenu sur le côté descendant du prisme fixe c; la roue l tourne seule; le levier désembrayeur et par conséquent l'axe imprimeur sont en repos.

Le poste A voulant parler au poste B, il abaisse le „blanc de lettres". Lorsque la lèvre du chariot monte sur le goujon soulevé, le courant passe sur la ligne, après avoir traversé la partie supérieure de l'axe du chariot et le fil de l'électro-aimant. Aussitôt que la force attractive de l'aimant est suffisamment diminuée, la force répulsive des ressorts a le dessus et soulève l'armature. Celle-ci frappe contre la vis b^1 du levier désembrayeur $b^1 b$ B (figure 6) et fait baisser le bras b B. La plaque d'échappement et par suite l'axe imprimeur, devenus libres, commencent leur mouvement rotatoire, auquel ils sont sollicités par le ressort r (figure 2), exerçant une certaine pression sur le cliquet t, ainsi que par le levier $n^1 n^2$ (figure 13) agissant sur la came x. L'appendice prismatique q glisse sur le plan incliné descendant du prisme fixe c et fait engrener le cliquet t avec la roue à rochet l; cette dernière entraîne par conséquent la plaque d'échappement avec l'axe imprimeur.

La came correctrice v pénètre entre les dents de la roue correctrice, et la came y, en soulevant le levier $n n^2$ (planche 3 figure 3), fait frapper le tambour imprimeur contre la roue des types. Aucun type n'est cependant reproduit, puisqu'une case vide se trouve en face du papier. Le tambour imprimeur, entraîné par son propre poids, ainsi que par l'influence du bras inférieur de la fourche du levier imprimeur, retombe ensuite, tandis que par l'action de la came hélicoïdale x le cliquet à ressaut h fait avancer un peu le papier. Puis le bras J^1 est relevé par le tourillon de la came u (planche 4, figure 12); les deux autres bras J et J^2 se relèvent en même temps, de façon que la roue correctrice et celle des types deviennent entièrement libres, le tourillon o^1 (planche 3, figures 4 et 5) ayant déjà quitté la rainure et glissé sur le plan incliné C^1 (figure 3) par l'influence de la came correctrice, et le cliquet i (figure 4) s'étant engagé entre les dents de la roue de frottement par l'influence du ressort r.

A présent les roues de correction et des types sont liées à l'axe plein D et tournent avec lui.

Lorsque l'axe imprimeur a accompli une révolution, le cliquet t (planche 4, figures 2 et 4) est dégagé de la roue à rochet, l'appendice prismatique q étant monté sur le plan incliné du prisme fixe c. Le prisme p de la plaque d'échappement est arrêté par l'encoche du levier désembrayeur, lequel, ayant été soulevé par la came excentrique e, a replacé l'armature sur l'électro-aimant à l'aide de la vis b^1 (figure 6). L'axe imprimeur est retourné à l'état de repos et l'appareil est prêt à recevoir un nouveau courant et à répéter les opérations précitées.

Le premier envoi d'un courant sert donc à mettre la roue des types en mouvement, et à faire concorder ce mouvement avec celui du chariot.

Lorsque ensuite on abaisse une autre touche, par exemple celle portant le caractère R, un courant partira au moment où le chariot passe sur le goujon correspondant, et l'axe imprimeur, en accomplissant une nouvelle révolution, agira encore comme nous venons de le dire.

Grâce au mouvement isochrone de la roue des types et du chariot, qui parcourent des arcs de la même grandeur, le tambour imprimeur sera mis en contact avec la roue des types au moment où le caractère voulu R se trouve exactement en face. C'est ainsi que, en abaissant la touche correspondante, un type quelconque sera reproduit.

Au poste destinataire B le courant se rend à la terre, après avoir traversé les bobines de l'électro-aimant et l'axe du chariot, dont les deux parties sont en communication au moyen de la vis de contact g^2. Le premier courant sert donc ici, comme au poste A, à mettre en mouvement la roue des types et à établir la concordance entre celle-ci et la roue des types et le chariot du poste A.

Le courant suivant, dû à l'abaissement de la touche portant le caractère R, sollicite l'axe imprimeur à accomplir une nouvelle révolution, par laquelle ce caractère sera reproduit si le mouvement des deux appareils est suffisamment isochrone. Nous savons qu'une petite différence de concordance entre les roues des types est corrigée par la came v pénétrant entre les dents de la roue correctrice, de manière que le caractère R se trouvera précisément en face du papier au moment où le tambour imprimeur est soulevé brusquement; mais si le défaut de synchronisme, — pendant le temps nécessaire pour passer du „blanc de lettres" au caractère R, — est tel que la différence de concordance entre les roues des types dépasse $\frac{1}{51}$ du contour, au lieu de la lettre R on reproduira un des caractères Q ou S: l'appareil sera déréglé.

Nous avons supposé jusqu'ici que, la roue des types étant à l'état de repos, la case vide correspondante au „blanc de lettres" se trouve exactement en face de la bande de papier, et que, pendant la rotation de cette roue, au moment où le chariot touche le goujon soulevé, le type correspondant se trouve verticalement au-dessus de l'axe du tambour imprimeur. En réalité cela n'est cependant pas ainsi. Il se passe un certain temps entre le moment où la lèvre est en communication avec le goujon distributeur, et celui où le tambour imprimeur touche la roue des types, puisque, pour la production de ce dernier effet, il faut que l'armature se soulève, que l'embrayement des deux axes s'effectue et que l'axe imprimeur se mette en mouvement. Il est par conséquent nécessaire que la roue des types soit un peu en retard par rapport au chariot, de façon que le type voulu arrive exactement en face du tambour imprimeur à l'instant précis où celui-ci se soulève.

Le retard dont il s'agit est constant pour chaque appareil; la position de la roue des types doit être conforme à cette valeur.

Dans les appareils actuellement en usage, la lettre Z se trouve juste en face du tambour imprimeur lorsque la roue des types est arrêtée; celle-ci est donc en retard d'une lettre. Lorsque par l'abaissement de la première touche blanche la roue des types reprend son mouvement, le chariot se trouve déjà au-dessus du goujon correspondant à la touche de la lettre A, au moment où le tambour imprimeur touche la roue des types.

XII

DÉRANGEMENTS DANS L'APPAREIL.

Le courant ne traverse pas le fil de l'électro-aimant au moment où l'on abaisse les touches:
    a lorsqu'une des communications est interrompue, ou
    b lorsque le courant passe par une dérivation de peu de résistance.

Dans le premier cas il peut y avoir:
1° un mauvais contact, soit dans la pile, soit de ses pôles avec les bornes;
2° une mauvaise communication avec ou dans le galvanomètre,
3° l'interrupteur;
4° le commutateur;
5° un mauvais contact entre la came correctrice et son ressort isolé, ou
6° entre le goujon distributeur et la lèvre du chariot; enfin
7° manque de continuité, soit par la rupture d'une communication, soit par un mauvais contact avec les vis d'attache.

Le second cas se présentera:
1° lorsque le ressort w^1 est en communication avec la pédale K par l'intermédiaire du bouton;
2° lorsque, à l'état de repos, la vis du levier désembrayeur touche l'armature;

3° lorsque la position de la lèvre du chariot est telle qu'elle touche les goujons distributeurs, sans être soulevée par eux;

4° lorsque le petit tuyau, entourant l'extrémité inférieure de l'axe du chariot, n'est pas suffisamment isolé du disque N;

5° lorsque la lèvre ou le rejeteur ne sont pas isolés du bras horizontal inférieur du chariot;

6° par une fausse communication quelconque.

L'axe imprimeur n'accomplit pas ses révolutions, quoique l'armature soit soulevée:

1° lorsque le ressort constant de l'armature est trop faible;

2° lorsque le ressort sur l'axe du levier désembrayeur est trop fort;

3° lorsque l'appendice prismatique du cliquet de la plaque d'échappement reste sur le sommet du prisme fixe, parce que celui-ci est placé soit trop haut soit trop vers la gauche;

4° lorsque, pour la même raison, ou parce que le ressort courbé est trop fort, l'appendice prismatique ne peut passer au-dessus du sommet du prisme fixe et glisse sur le plan incliné ascendant de celui-ci.

Le grincement des dents du cliquet embrayeur sur celles de la roue à rochet est produit:

1° lorsque le cliquet embrayeur a glissé sur le plan incliné ascendant du prisme fixe;

2° lorsque le prisme fixe est placé trop vers la droite, de façon que le cliquet embrayeur a trop glissé sur le plan incliné descendant avant d'être arrêté;

3° lorsque le prisme fixe ou l'appendice prismatique du cliquet embrayeur sont usés, ou que le premier est placé trop bas.

Au moment où l'on abaisse une touche, l'armature tremblote et fait entendre un roulement:

1° lorsque l'armature n'est pas plate (appliquée à plat) sur l'électro-aimant ou que sa surface inférieure n'est pas propre;

2° lorsque le ressort variable est trop tendu;

3° lorsque la distance de l'armature à la vis du levier désembrayeur est trop grande, de façon que la première n'est pas replacée comme il faut sur l'électro-aimant;

4° lorsque le ressort sur l'axe du levier désembrayeur n'est pas assez fort;

5° lorsque le ressort w n'est pas parfaitement isolé de la came correctrice ou de l'axe imprimeur, après que celui-ci a fait un demi-tour;

6° lorsque le ressort sur la lèvre du chariot est trop faible, de manière que la lèvre tremblote en passant sur les goujons soulevés;

7° le roulement peut être provoqué aussi par les orages, les mélanges des fils et en général par des courants étrangers arrivant de la ligne.

L'impression n'est pas nette:

1° lorsque la came correctrice n'est pas solidement fixée dans sa boîte, ou qu'elle est usée;

2° lorsque le levier imprimeur n'est pas libre sur son axe, et que par conséquent le tambour imprimeur ne retombe pas assez vite;

3° lorsque la couche de gutta percha entourant le tambour imprimeur n'est pas unie ou cylindrique;

4° lorsque la came y ou le bec du levier imprimeur sont usés, de façon qu'il y a un peu trop de frottement entre le papier et la roue des types au moment de l'impression.

L'impression est trop légère, lorsque le tampon G (planche 3, figure 3) n'est pas assez imbibé d'encre, ou que l'axe du levier imprimeur est placé trop bas.

Lorsqu'on reproduit des points ou des taches en abaissant le „blanc de lettres", l'axe du levier imprimeur est placé trop haut.

Lorsque l'impression de la partie supérieure ou inférieure des types est mauvaise, tandis que l'autre partie est bien reproduite, le tampon ne touche pas aux types partout également.

Lorsque seulement une partie des types, soit à droite soit à gauche, est reproduite, la roue des types n'est pas bien placée sur son axe.

Lorsque tous les types sont imprimés comme il faut, excepté le caractère A et le chiffre 1, le tampon n'est pas assez serré contre la roue des types.

Lorsque le changement de chiffres et de lettres a lieu sans qu'on abaisse les touches correspondantes, c'est une preuve que le cliquet h^1 est détaché ou que le levier $\beta\beta^1$ a trop de jeu sur son axe.

Lorsque la bande de papier glisse irrégulièrement sur le tambour imprimeur :
1° le ressort f est trop ou trop peu tendu ;
2° le cliquet à ressaut h ne s'engage pas comme il faut entre les dents de la roue du tambour imprimeur ; ou
3° la couche de gutta percha s'élève au-dessus des petites dents du tambour, de façon que celles-ci ne peuvent entraîner le papier.

Lorsque la roue des types n'est pas arrêtée par l'abaissement de la pédale K :
1° le crochet du bras J^2 ne pénètre pas suffisamment dans l'encoche de l'axe creux de la roue correctrice ; ou
2° la lame d'arrêt CC^1 n'est pas suffisamment éloignée du bâti par le bras J.

Lorsque, après l'abaissement d'une touche, la roue des types commence à tourner mais n'accomplit pas sa révolution, la lame d'arrêt CC^1 n'est probablement pas assez élastique, de façon qu'elle ne reprend pas sa position normale.

On reçoit mal du poste correspondant, tandis que celui-ci reçoit bien :
1° lorsque la vis sur la lèvre du chariot fait un mauvais contact métallique, étant malpropre, oxydée, etc. ; ou
2° lorsque la communication du cylindre creux avec l'extrémité inférieure de l'axe du chariot (au moyen du ressort à boudin et du petit tuyau), d'une part, et avec la terre, de l'autre, laisse à désirer.

On reçoit bien, tandis que le poste correspondant reçoit mal :
1° lorsque le ressort sur la lèvre du chariot est trop faible et que par conséquent le contact de la lèvre avec les goujons soulevés n'est pas assuré ;

2° lorsque le bras horizontal inférieur du chariot ne se meut pas dans un champ parallèle au disque N, et que par suite la lèvre n'arrive pas en contact avec quelques-uns des goujons soulevés.

3° lorsqu'il y a une dérivation dans l'appareil.

La marche de l'appareil est retardée et les vibrations de la lame régulatrice sont beaucoup moins étendues lorsqu'on reproduit plusieurs types dans un seul tour de chariot. Cette perte de vitesse se présente toujours lorsque les résistances de frottement sont trop grandes :

1° par manque d'huile ;

2° parce que le ressort constant est trop tendu, de façon que le levier désembrayeur doit exercer trop de force pour replacer l'armature sur l'électro-aimant ;

3° lorsque le cliquet à ressaut a trop de peine à faire tourner le tambour imprimeur, parce que la fourche est malpropre ou que son ressort est trop fort ;

4° lorsque la roue de frottement est trop serrée sur son axe et que par conséquent la came correctrice doit exercer trop de force pour faire tourner en arrière la roue correctrice ;

5° lorsque à l'état de repos la vis du levier désembrayeur est trop rapprochée de l'armature, de manière que la came excentrique de l'axe imprimeur a trop de résistance à surmonter en replaçant l'armature sur l'électro-aimant par l'intermédiaire du levier ;

6° lorsque les axes des roues de l'horlogerie n'ont pas de jeu ;

7° lorsque l'axe du levier imprimeur est placé trop haut ;

8° lorsque le ressort isolé w est trop fort ;

9° lorsque le levier $\beta\beta^1$ n'est pas libre sur son axe.

L'appareil est déraillé facilement, c'est-à-dire qu'il reproduit des types ne correspondant pas avec les touches abaissées :

1° lorsque les ressorts de l'armature ne sont pas bien réglés ;

2° lorsque l'armature n'est pas plate sur les surfaces polaires de l'électro-aimant ;

3° lorsque l'électro-aimant est placé trop haut ou trop bas ;

4° lorsque la vis b^1 du levier désembrayeur n'est pas bien réglée ;

5° lorsque le ressort sur l'axe du levier désembrayeur est trop faible ;

6° lorsque le ressort sur la lèvre du chariot n'est pas assez fort ;

7° lorsque la lèvre est placée trop haut ou trop bas au moyen de la vis ;

8° lorsque le ressort courbé du cliquet embrayeur est trop faible ;

9° lorsque le cliquet embrayeur n'est pas placé comme il faut sur le plan incliné descendant du prisme fixe ;

10° lorsque une ou plusieurs dents de la roue à rochet sont usées ou cassées ;

11° lorsque la roue de frottement n'est pas assez serrée sur son axe ;

12° lorsque le ressort courbé de la roue correctrice est trop faible ;

13° lorsque le synchronisme est dérangé ou que le frein n'est pas dans les conditions voulues ;

14° lorsque le ressort isolé w est continuellement en communication avec l'axe imprimeur ;

15° lorsque par une mauvaise communication quelconque le courant est très variable.

L'appareil étant bien réglé, il faut pouvoir reproduire cinq types en un tour de chariot, sans perte de vitesse et sans que le diamètre des cercles de vibration ait moins de 0.015 mètre.

XIII

VÉRIFICATION ET RÉGLAGE DE L'APPAREIL.

L'appareil étant assez compliqué, il est utile, sinon nécessaire, d'avoir une certaine marche à suivre pour la vérification et le réglage des différentes parties. Nous ferons mention de la méthode qu'a fait adopter le Professeur Hughes lui-même par tous ceux qui s'occupent réellement de son instrument.

On distingue la vérification *ordinaire* du réglage *extraordinaire*, la première pouvant être faite journellement, le cas échéant même plusieurs fois par jour, sans trop interrompre la correspondance ou arrêter le fonctionnement de l'appareil.

Pour plus de régularité, on distingue encore la vérification ordinaire des parties *électriques*, *électro-mécaniques*, *mécaniques* et *synchroniques*.

VÉRIFICATION ET RÉGLAGE ORDINAIRE.

A. PARTIE ÉLECTRIQUE.

Faites les essais avec une pile de 2 ou 3 éléments seulement.

1°. *Essayez les bobines de l'électro-aimant.*

Pour essayer le fil de l'électro-aimant mettez le pôle zinc à la barre droite du commutateur et le pôle cuivre à la barre gauche. Lorsque le courant passe par les bobines, l'armature doit se soulever. Si cela n'a pas lieu, on précise le dérangement en essayant chaque bobine séparément.

Laissez zinc à la barre droite jusqu'à l'essai n°. 3.

2° *Essayez la communication et l'isolement de la came correctrice.*

Placez une goupille dans le trou postérieur gauche du commutateur. Laissez zinc à la barre susdite et touchez avec cuivre au massif.

L'armature doit se soulever si la came correctrice est en communication avec son ressort.

Faites faire un demi-tour à l'axe imprimeur, de sorte que la came ne soit plus en contact avec son ressort, et touchez avec le pôle cuivre au massif; l'armature ne doit pas se détacher.

3° *Essayez la communication et l'isolement de l'armature et du levier désembrayeur, ainsi que l'interrupteur et ses communications.*

Placez les goupilles dans les trous marqués C ou 1 et 4

(planche 2, figure 1) du commutateur. Mettez zinc à la borne „Pile" et cuivre au massif.

L'armature se soulève lorsque le levier désembrayeur est isolé; le galvanomètre indiquera en même temps le passage du courant, si l'interrupteur, son contact avec le petit bloc en cuivre et ses communications sont en règle.

Le levier n'étant pas isolé de l'armature, celle-ci ne se soulève pas et la déviation du galvanomètre est plus grande. Le même effet se produit lorsque l'armature est en communication avec le massif.

4° *Essayez le contact de la vis placée sur la lèvre du chariot avec le bras horizontal inférieur de celui-ci, ainsi que l'isolement du rejeteur.*

Même position du zinc et des goupilles que pour l'essai 3°.

Touchez avec cuivre à la partie inférieure de l'axe du chariot.

L'armature se soulève lorsque la vis sur la lèvre est en communication avec le bras horizontal inférieur. Le galvanomètre dévie.

Quand on soulève la lèvre, toujours en tenant cuivre à la partie inférieure de l'axe, l'armature ne doit pas se détacher; le galvanomètre reste immobile.

L'isolement du rejeteur est essayé de la même manière.

5° *Essayez l'isolement des touches ou des goujons distributeurs.*

Même position du zinc et des goupilles que pour l'essai 3°.

Mettez cuivre aux goujons ou à leur boîte.

L'armature ne se soulèvera pas et le galvanomètre restera immobile, si les goujons, leur boîte ou les touches sont bien isolés.

Le galvanomètre indique-t-il au contraire le passage du courant, alors les deux cas suivants peuvent se présenter:

1°. il y a une fausse communication des goujons avec le massif, ou

2°. il y a une fausse communication en dessous de la table.

Précisez comme suit:

Soulevez la lèvre du chariot. Si le courant passe encore, il y a une communication quelconque entre les touches ou les goujons et le massif.

Pour avoir la certitude qu'il y a une fausse communication en dessous de la table, mettez cuivre à la borne „Pile." Le courant traversera la vis de contact du chariot, les bobines et le galvanomètre sans qu'on abaisse des touches.

6°. *Essayez l'instrument par la communication locale.*

Mettez zinc à la borne „Terre" et cuivre à la borne „Pile", réunissez ensuite les bornes „Terre" et „Ligne" par un fil.

Lorsqu'on abaisse une touche le courant doit traverser l'appareil, comme l'indiquera le galvanomètre; l'armature se soulèvera.

Vérification locale des communications de deux ou plusieurs appareils.

Faites-les essais avec un courant faible.

1°. *On peut vérifier deux appareils en établissant les communications comme si les instruments étaient placés sur une ligne.*

Mettez une résistance quelconque entre les bornes „Ligne" et „Terre" pour éviter, durant les essais, l'effet du courant d'induction.

2°. *On peut vérifier aussi en faisant se bifurquer le courant d'une pile un peu plus forte.*

Etablissez les communications de deux ou plusieurs appareils de la manière suivante:

Fixez l'un des pôles de la pile à la borne „Pile" d'un des appareils, l'autre pôle à la borne „Ligne"; réunissez entre elles les bornes „Pile" et également les bornes „Ligne"; ajoutez ensuite une communication entre les massifs.

La borne „Terre" reste isolée.

De cette manière le courant de la pile se bifurquera et le courant d'induction ne gênera pas, puisqu'il trouve un circuit de peu de résistance en dehors des bobines de l'électro-aimant (voyez chapitre X).

B. PARTIE ÉLECTRO-MÉCANIQUE.

1°. *Voyez si les fils sont bien serrés dans leurs bornes;*

2o. *si les goupilles du commutateur font un bon contact avec les barres, et si elles sont placées en rapport avec la pile;*
3o. *si l'interrupteur est dûment en contact avec sa borne.*

Lorsque la pile est bonne, on n'a qu'à vérifier si les points de contact des fils, des bornes, des goupilles et de l'interrupteur sont bien propres et bien serrés.

Comme l'électro-aimant est polarisé, il faut nécessairement que le courant circule dans les spirales des bobines dans un sens déterminé.

C'est pour cela que les goupilles doivent être placées en rapport avec la pile. Lorsque le pôle zinc est en communication avec la borne „Pile" les goupilles doivent être placées dans les trous marqués Z ou 2 et 3 (planche 2, figure 1); elles sont placées dans les trous marqués C ou 1 et 4 lorsque le pôle cuivre est lié à la borne „Pile."

Il est évident que les piles de deux postes correspondants doivent être placées en sens inverse pour que le courant circule toujours dans le même sens. L'un des postes ayant cuivre sur la terre, l'autre doit avoir cuivre sur la ligne.

Le galvanomètre indique si le courant passe dans la direction voulue.

On doit éprouver une certaine résistance de frottement en plaçant l'interrupteur sur le petit bloc de cuivre.

4o. *Voyez a. si à l'état de repos le ressort de la came correctrice est en communication avec celle-ci; et*
b. s'il en est bien isolé lorsque l'axe imprimeur a fait un demi-tour.

Pour que le contact entre le ressort et la came correctrice ne laisse rien à désirer, la position du ressort doit être telle, que la came fasse un peu courber le ressort.

Le bon contact à l'état de repos est une condition essentielle pour la marche régulière de l'appareil.

Il n'est pas moins nécessaire que le ressort soit bien isolé lorsque l'axe imprimeur a fait un demi-tour, afin d'éviter l'effet du courant d'induction, et de faire passer tout le surplus du courant de la pile par le levier désembrayeur et le massif de l'armature (voyez le chapitre X).

On règle la position du ressort en déplaçant la pièce isolante qui le porte.

Le ressort doit être bien isolé de toute autre pièce métallique, soit massif, soit axe imprimeur, etc.

5o. *Voyez a. si la vis sur la lèvre du chariot fait un bon contact avec la partie inférieure qui est en communication avec la terre;*

b. si le ressort sur la lèvre du chariot est assez fort pour assurer ce contact;

c. si le bord inférieur de la lèvre, c'est-à-dire, la partie qui doit venir en contact avec les goujons, se trouve, à l'état de repos, vis-à-vis de la moitié de l'épaisseur du rejeteur.

Pour s'assurer que le contact est bon et propre, on soulève la lèvre et on la fait retomber. On entendra un son métallique si le contact ne laisse rien à désirer.

Le ressort doit être assez fort pour que le chariot puisse faire un bon contact avec les goujons, et pour qu'il ne tremblote pas en passant dessus, ce qui pourrait causer l'envoi de plusieurs courants, conséquemment provoquer un déraillement (voyez le chapitre XII).

Pour éviter une perte de vitesse, il faut aussi que le ressort ne soit pas trop fort, donc qu'il n'y ait pas trop de frottement entre la lèvre et les goujons distributeurs soulevés.

Il n'est pas strictement nécessaire que la lèvre ait la position indiquée, mais c'est celle qui lui convient le mieux.

Si elle était trop élevée, le contact avec les goujons pourrait devenir douteux; placée trop bas, elle pourrait toucher au disque de la boîte à goujons, ou bien le contact de la vis (voyez *a*) avec la terre pourrait manquer. Il est donc utile d'avoir un point fixe pour régler et vérifier la bonne position de cette partie du chariot.

6o. *Voyez si le ressort de la détente de la roue des types est bien isolé lorsque la détente est dans sa position normale, et s'il fait un bon contact avec la goupille du bouton lorsque celui-ci est abaissé.*

Le ressort n'étant pas bien isolé, le courant trouve un circuit local et ne passe pas sur la ligne (voyez chapitre X).

Le ressort n'étant pas en contact avec la goupille du

bouton, lorsque celui-ci est abaissé, la mise sur blanc pour régler la marche de l'appareil, d'accord avec celle de l'appareil du poste correspondant, devient très difficile, sinon impossible (voyez chapitre VII).

Lorsqu'il y a contact permanent entre le ressort et la détente, soit avant soit après l'abaissement de la pédale, le courant du poste correspondant passe à la terre sans traverser les bobines de l'aimant (voyez chapitre X).

C. Partie mécanique.

1º. L'armature.

a. *Voyez si l'armature reste parfaitement plate et égale sur l'électro-aimant* (voyez chapitre XII).

Lorsque l'armature est parfaitement plate sur l'électro-aimant, les sons produits par les petits coups d'une pièce métallique sur chaque extrémité de l'armature doivent être parfaitement égaux. On peut aussi vérifier si l'armature est plate, en faisant faire un mouvement de va-et-vient à un papier placé entre l'armature et l'aimant; si l'on trouve que le papier est pressé également sur tous les points, l'armature est plate sur les surfaces polaires.

L'armature est dite égale sur l'électro-aimant, quand elle est placée exactement au milieu des deux bobines, de manière à laisser à découvert une partie égale de chaque surface polaire de l'électro-aimant.

Lorsque l'armature n'est pas plate sur l'électro-aimant, on tâche de courber l'une ou l'autre de ses extrémités, à l'aide d'un instrument quelconque.

Le papier, placé entre l'armature et l'électro-aimant, est quelquefois cause que l'armature n'est plus plate sur les surfaces polaires. C'est pour cela qu'il faut veiller à ce que ce papier soit toujours bien propre et bien lisse.

L'égalité de l'armature sur l'électro-aimant peut être obtenue en déplaçant un peu le bâti qui porte l'armature et ses ressorts.

b. *Voyez si le ressort fixe a assez de force pour faire bien basculer le levier désembrayeur* (voyez chapitres III et XII).

Le réglage au moyen des ressorts est de la plus haute importance.

Pour vérifier si le ressort fixe a la position voulue, ou plutôt pour lui donner cette position, d'une main l'on retient le levier désembrayeur à l'état de repos, tandis que de l'autre on détache l'armature, qui alors, en se soulevant, vient toucher la vis du levier. En retirant ensuite le doigt du levier, celui-ci doit basculer vivement, même avec une petite secousse.

Puisque le bras gauche du levier se soulève très-vivement quand le ressort est trop fort, il faut, pour régler au plus sensible, d'abord retirer la force au ressort à l'aide de sa vis, et ensuite lui donner, de la manière indiquée ci-dessus, la tension strictement nécessaire pour faire basculer le levier désembrayeur.

On a la certitude que le bras gauche du levier est soulevé avec la force voulue, si le bras droit en descendant laisse passer immédiatement et sans hésitation le cliquet qu'il retenait.

Lorsqu'on règle le ressort fixe, il faut détendre entièrement le ressort variable.

Il va sans dire que si le ressort lui-même fait défaut, s'il a perdu sa force, s'il n'est pas solidement attaché à l'armature, etc., il faut nécessairement y remédier.

c. *Voyez si le ressort variable est réglé de manière que l'armature soit affectée par le moindre courant* (voyez chapitre III).

Plus le courant est fort, moins le ressort variable doit avoir de force, et vice versâ.

Pour bien régler ce ressort, il faut premièrement, au moyen de sa vis, le rendre si fort que l'armature soit détachée de l'électro-aimant; ensuite, après avoir replacé celle-ci sur les surfaces polaires, on diminue la force du ressort jusqu'à ce que l'armature reste attirée par l'électro-aimant.

Enfin on diminue encore en donnant un tour à la vis.

En réglant le ressort variable, il est utile de lui donner une position telle, qu'après le réglage il y ait encore moyen d'augmenter ou de diminuer sa force à l'aide de la vis. Pour cette raison, on doit tâcher de placer le milieu de la vis à peu près au milieu de sa boîte, et régler premièrement au moyen du morceau de fer doux en biseau, qu'on place contre l'aimant permanent, en dessous des bobines, et qu'on fait avancer plus ou moins selon les circonstances.

2º Le levier désembrayeur.

a. *Voyez si la vis du levier désembrayeur replace exactement l'armature sur les surfaces polaires de l'électro-aimant, lorsque le bras droit du levier appuie, sans trop de frottement, sur le milieu de la came excentrique de la plaque d'échappement* (voyez chapitre VIII).

Pour régler la position du levier on le place d'un côté sur la partie la plus grosse de la came excentrique, tandis que de l'autre côté on serre la vis sur l'armature, jusqu'à ce que le levier ne puisse plus se mouvoir, ce qu'on essaie à la main. On doit sentir néanmoins une certaine élasticité, parce qu'il se pourrait que le levier fût serré trop fort et par là empêchât l'axe imprimeur de tourner avec la vitesse requise. Le bras droit du levier, placé sur le milieu de la came, doit être bien serré, mais en même temps laisser glisser librement la plaque d'échappement.

Quand le levier est trop peu serré, il provoque un roulement (c'est-à-dire, que l'armature se soulève continuellement sans qu'un courant traverse les bobines); serré trop fort, il fait perdre la vitesse.

b. *Voyez si le ressort sur l'axe du levier désembrayeur est assez fort pour neutraliser les secousses de l'arrêt contre l'encoche du bras droit du levier* (voyez chapitre VIII).

On vérifie si le ressort a la force voulue, en tournant l'axe imprimeur jusqu'à ce que la came excentrique se trouve en bas, afin que le levier puisse basculer librement. En soulevant le bras gauche du levier, on doit éprouver une certaine résistance produite par le ressort, et le levier doit être replacé assez vivement à l'état de repos.

3° Le prisme fixe.

Voyez si le prisme fixe est placé de manière que l'appendice du cliquet embrayeur s'arrête assez haut sur la descente pour empêcher tout frottement du cliquet contre les dents de la roue à rochet (voyez chapitre VIII).

L'appendice prismatique du cliquet est susceptible de prendre trois positions différentes :

1° il peut rester sur le plan incliné ascendant du prisme fixe ;

2° il peut se placer sur le sommet du prisme ;

3° il peut s'arrêter sur la descente.

Dans les deux premiers cas le cliquet ne peut s'engager entre les dents de la roue à rochet ; il retombe en arrière ou il reste immobile sur le sommet.

La troisième position est celle qui lui convient, en premier lieu, parce qu'elle favorise l'engrenage, et ensuite, parce qu'elle empêche le cliquet de retomber en arrière.

Il faut remarquer que si le cliquet arrêté sur la descente se trouve placé trop près du sommet du prisme fixe, il pourra quelquefois repasser par dessus ce sommet par suite des secousses. Si le cliquet est placé trop bas sur la descente, ses dents ne seront pas entièrement dégagées de celles de la roue à rochet et les dents des deux pièces s'useront très vite (voyez chapitre XII).

Pour le réglage le prisme fixe peut être reculé un peu plus vers la droite ou vers la gauche. Placé trop à gauche, il empêche le cliquet de dépasser le sommet ; placé trop à droite, il permet au cliquet de s'arrêter trop bas sur la descente.

Lorsque le sommet du prisme fixe n'est pas assez élevé, soit par suite d'usure soit par toute autre cause, on peut le porter un peu plus haut en plaçant un mince morceau de cuivre, ou de quelque autre matière dure, entre la base du prisme et le pont auquel il est fixé.

On vérifie, en premier lieu, si le prisme fixe a la position voulue, en repoussant le cliquet en arrière pour le faire repasser par dessus le sommet. Lorsque cela peut se faire avec une certaine résistance, mais sans que le frottement soit trop dur, le cliquet est placé assez haut sur la descente.

En second lieu, on appuie avec le doigt sur le cliquet, dans une direction verticale, pendant que l'appareil est en mouvement. Si l'on entend un grincement, qui provient du contact des dents du cliquet avec les pointes des dents de la roue à rochet, le cliquet se trouve trop bas sur la descente.

Il n'est au contraire pas descendu trop bas, lorsque le grincement ne se fait pas entendre.

Il arrive quelquefois qu'on entend le grincement nonobstant le bon réglage du prisme fixe. Généralement le cliquet se trouve alors sur le plan incliné ascendant, assez bas pour que ses dents entrent en contact avec celles de la roue, et cela par la faute de l'opérateur, qui veut faire reproduire des types sans que l'appareil soit en plein mouvement (voyez chapitre VIII). Il faut alors aider le cliquet à passer par dessus le sommet en le poussant du doigt.

4°. Le cliquet embrayeur.

a. *Voyez si le ressort courbé, fixé à la plaque d'échappement, est assez fort pour faire engrener le cliquet avec la roue à rochet* (voyez chapitres VIII et XII).

Il est évident que ce ressort doit exercer une forte pression sur le cliquet pour que celui-ci, après l'engrenage, soit entraîné par la roue à rochet.

Pour vérifier si le ressort a la force requise, tenez ferme la plaque d'échappement, en ayant soin que le cliquet soit tout-à-fait dégagé du prisme fixe, et faites tourner la roue en arrière; le cliquetis qui se produit alors, par l'engrenage des dents du cliquet avec celles de la roue à rochet, doit être bien prononcé, bien sec.

b. *Voyez si les dents de la roue à rochet ne sont pas défectueuses et si le volant cède à la force exercée par la main.*

Il se pourrait qu'il y eût des dents usées ou cassées, ou que les dents ne fussent pas bien construites.

Pour en faire la vérification, d'une main on tient ferme la roue à rochet, en arrêtant le cliquet, alors que celui-ci est entièrement dégagé du prisme fixe et engrène par conséquent avec les dents de la roue, tandis que de l'autre main on fait tourner le volant, qui est fixé par frottement bien dur sur l'axe de la roue à rochet. Si les dents de cette dernière sont en bon état, elle s'arrête nettement et le volant cède, quoique difficilement, à l'effort qu'on exerce sur lui.

De cette manière on peut vérifier chaque dent, et en même temps constater si le frottement qui fixe le volant sur son axe est suffisant, ou si, accidentellement, il n'est pas trop dur.

5°. La came correctrice.

a. *Voyez si la came correctrice est solidement fixée dans sa boîte* (voyez chapitres VIII et XII).

Pour que la came puisse exercer sa fonction, il est absolument nécessaire qu'elle soit tout-à-fait immobile dans sa boîte.

On fixe la came dans sa boîte en serrant les vis qui la retiennent.

b. *Voyez si la came correctrice n'est pas usée.*

La came doit remplir exactement et de toute sa largeur l'espace entre deux dents de la roue correctrice, pour que celle-ci n'ait pas trop de jeu, et puisse par conséquent exécuter les petites corrections que demande la roue des types.

Pour vérifier si la came correctrice est intacte ou usée,

on fait tourner l'axe imprimeur jusqu'à ce que le levier imprimeur ait atteint sa position la plus élevée, c'est-à-dire jusqu'au moment où la pointe du bec de la fourche est placée sur celle de la came qui provoque l'impression. A ce moment-là, la came correctrice se trouve entre deux dents de la roue correctrice et ne laisse aucun jeu à celle-ci lorsqu'elle est intacte.

Quand il s'agit de remplacer une came correctrice usée, il faut se rappeler que les pièces de rechange ne sont pas durcies. Les nouvelles cames doivent être premièrement bien ajustées; ensuite on les trempe avant de les mettre en service.

6º. La détente de la roue des types.

Voyez si le plan incliné de la lame d'arrêt retient le cliquet et le dégage entièrement de la roue de frottement (voyez chapitre VII).

Pour vérifier le fonctionnement de la lame d'arrêt, faites tourner lentement l'axe de la roue des types, abaissez la détente et voyez si le tourillon du cliquet de la roue correctrice monte sur le plan incliné de la lame, pour s'arrêter dans la rainure de celui-ci. Relevez ensuite la détente et voyez si le tourillon, en accomplissant ses révolutions, ne touche plus la lame d'arrêt

En courbant ou recourbant plus ou moins la lame d'arrêt, en l'abaissant ou la relevant un peu, après avoir desserré la vis par laquelle elle est fixée au massif, on peut facilement remédier à un dérangement provoqué par le plan incliné.

Il arrive quelquefois que, la lame d'arrêt avec son plan incliné ayant la position voulue, on entende néanmoins un grincement provenant du mauvais engrenage du cliquet avec la roue de frottement. La faute en est ordinairement a l'opérateur, qui, en abaissant la détente, n'a pas assez appuyé sur le bouton pour faire suffisamment avancer le plan incliné.

7°. La roue de frottement et son cliquet.

a. *Voyez si le ressort du cliquet est assez fort pour bien faire engrener le cliquet avec la roue de frottement* (voyez chapitre VI).

On vérifie la force du ressort en suivant la méthode indiquée pour la vérification du cliquet de la roue à rochet.

b. *Voyez si la roue de frottement ne laisse rien à désirer.*

Pour vérifier les dents nous renvoyons également à la méthode indiquée au n°. 4, toutefois en remarquant que le frottement de la roue sur son axe est beaucoup moins dur que celui du volant. En essayant les dents de la roue on vérifie en même temps le frottement, qui doit surpasser la résistance de la roue correctrice. Ce frottement ne doit être ni trop dur ni trop faible (voyez chapitres VI et XII).

On peut reconnaître le frottement nécessaire au toucher; mais on peut vérifier aussi en mettant l'appareil sur blanc, reproduisant quelques blancs, puis des caractères dans l'ordre alphabétique, et laissant enfin l'appareil marcher quelque temps sans y toucher. Lorsque ensuite on fait encore des blancs, et que l'appareil les reproduit, on peut en conclure que le frottement est bon.

8°. Le levier pour le changement de chiffres.

Voyez si le levier joue bien sur son axe (voyez chapitre IX).

Pour vérifier si le levier a le jeu voulu, avec une certaine résistance de frottement, on repousse de la main, ou avec un instrument quelconque, les pièces saillantes; on juge alors au simple toucher si la résistance est dans les limites convenables.

9°. Le levier pour le mouvement du papier.

a. *Voyez si le levier est pressé par son ressort contre la came hélicoïdale et s'il est libre sur son axe* (voyez chapitre VIII).

L'appareil étant en repos, la partie recourbée du levier

doit se trouver à peu près au milieu de la partie plate de la came hélicoïdale.

Si le ressort est trop faible, le levier ne peut se soulever immédiatement après le déclenchement de l'axe imprimeur et suivre le mouvement de la came.

Quand le ressort est trop fort, le levier peut ralentir le mouvement de l'axe imprimeur.

Les trous des vis qui attachent le ressort au massif sont oblongs et par là permettent de relever ou d'abaisser le ressort, conséquemment de régler la force exercée par celui-ci.

Pour vérifier si le levier est pressé contre la came avec la force voulue, tournez l'axe imprimeur jusqu'à ce que le levier ait le plus de jeu. Retirez-le de la came et abandonnez-le ensuite. Le son produit par le choc du levier contre la came, étant en rapport avec la force du ressort, sert à contrôler celle-ci.

Pour voir si le levier est libre sur son axe, on l'abaisse de nouveau, puis on l'abandonne à lui-même; il doit se relever avec peu de force, mais assez vivement.

Il est évident que la fonction du ressort est paralysée lorsque le levier n'est pas libre sur son axe.

b. *Voyez si le cliquet à ressaut joue bien contre la roue du tambour imprimeur.*

Pour vérifier si le jeu du cliquet est bien réglé, poussez le cliquet vers la gauche et voyez si, en l'abandonnant, il reprend assez vivement sa position normale et s'engage bien entre les dents de la roue du tambour.

Lorsque le ressort à boudin n'est pas assez fort, le cliquet n'engrène pas et le papier s'arrête.

10°. Le levier imprimeur.

Voyez si le levier est libre sur son axe et si le papier suit le mouvement du tambour imprimeur.

Pour vérifier si le levier est libre sur son axe, tournez l'axe imprimeur jusqu'à ce que la came correspondante ne limite plus le mouvement de l'extrémité gauche du levier; soulevez celui-ci, et voyez s'il retombe assez vivement par son propre poids.

Le mouvement du papier peut être entravé par le ressort double, ou par la fourche de cuivre ou d'ivoire pressée contre la bande de papier.

Si le ressort est trop faible, le papier n'est pas assez pressé contre les petites dents du tambour, et par conséquent il n'est pas entraîné par celui-ci. Le ressort étant trop fort, il peut empêcher le papier d'avancer comme il faut, et même être cause que la bande s'arrête entièrement; il provoque en même temps une perte de vitesse.

Il faut aussi que le ressort presse les deux bras de la fourche avec une force égale, pour que la bande de papier glisse régulièrement sur le tambour, et que les types imprimés soient placés en ligne droite.

Quelquefois le papier est retenu sur le tambour imprimeur parce que la fourche n'est pas propre, d'où résulte une certaine résistance de frottement, qui ne peut être surmontée par l'action du levier pour le mouvement du papier.

Pour vérifier si le papier s'avance régulièrement et également, tournez le tambour de la main. Suivant le résultat obtenu, on règle le ressort ou l'on nettoie la fourche; cette dernière opération peut se faire en imbibant d'huile la bande de papier avant qu'elle passe sur le tambour, ce qui suffit pour rendre aux surfaces inférieures de la fourche la propreté voulue.

On fait bien d'imbiber d'huile de temps à autre le guide-papier, entouré d'un morceau d'étoffe de laine, qui se trouve à droite du tambour imprimeur. Par là on entretient continuellement la propreté du tambour et on contribue même à l'impression bien nette et bien prononcée des types.

D. Partie synchronique.

1º. La lame vibrante.

a. Voyez si la lame vibrante est solidement fixée sur son bâti (voyez chapitre II).

Non-seulement la lame vibrante doit être bien serrée entre les deux plaques d'encastrement, mais encore le petit bâti qui la porte, la table, le plancher même doivent être bien solides, pour que l'axe des vibrations ne se déplace pas, que la vitesse ne change pas à chaque instant et que le synchronisme ne se perde pas.

b. Voyez si les cercles de vibration ont un diamètre d'environ 3 centimètres.

Lorsque les cercles de vibration ont un diamètre de plus de 3 centimètres, la lame court risque de se casser; si le diamètre est plus petit, la lame n'exerce plus son influence sur la marche de l'appareil.

On peut régler le diamètre des cercles de vibration au moyen du frotteur du frein (voyez *Frein*).

Les vibrations étant trop étendues, on allonge le frotteur ou l'on rend moins courbé le ressort qui le porte; lorsqu'elles sont trop petites, on diminue la longueur du frotteur ou l'on recourbe davantage le ressort.

c. Voyez si la lame est parfaitement centrée.

Lorsque la lame n'est pas parfaitement centrée, les vibrations ne se font plus suivant des cercles, mais suivant des ellipses.

Pour vérifier la position de la lame on ôte le frein. Si la lame n'est pas bien centrée, elle s'arrête sur un point déterminé de l'axe du volant et ne tourne pas avec celui-ci. Pour y remédier, on tâche de ployer un peu la lame, tout près de son encastrement, du côté opposé au point de l'axe où elle est retenue.

Il ne faut jamais faire marcher l'appareil de toute sa vitesse lorsque le frein ne se trouve pas en place.

d. *Voyez si la boule n'a pas trop de jeu sur la lame.*

Lorsque la boule a trop de jeu sur la lame vibrante, elle provoque des ballottements et dérange par conséquent le synchronisme.

Pour y remédier, on recourbe davantage le ressort plat qui se trouve à l'intérieur de la boule, de façon que le frottement augmente lorsqu'on replace la boule sur la lame.

2°. Le frein.

a. *Voyez si le levier du frein revient au centre.*

Pour la vérification on ôte le frein.

Le levier est dans sa position normale lorsque son œillet se trouve exactement en face du trou par où doit passer l'axe du volant.

En soulevant le levier du côté actif, c'est-à-dire, du côté où il est pressé par le ressort, celui-ci doit le replacer dans la position normale.

Lorsque le ressort ne replace pas le levier de façon que son œillet se trouve exactement en face du trou de l'axe du volant, la lame vibrante ne peut être bien centrée.

Si le levier s'arrête avant d'arriver devant le trou, le frotteur, pendant la marche de l'appareil, continuera à fonctionner alors que tout frottement doit cesser. En recourbant davantage le ressort, on peut remédier à ce défaut.

b. *Voyez si le levier est parfaitement libre du côté gauche.*

C'est-à-dire, que si l'on soulève le levier du côté gauche, il doit retomber librement dans sa position normale; tout frottement qui s'y oppose représente une force extra, que doit surmonter le ressort.

c. *Voyez si la came d'ivoire commence à soulever le ressort à partir du centre.*

Lorsqu'on commence à soulever le levier du côté droit, il faut que le ressort, forcé par la came, suive immédiatement le mouvement ascendant.

d. *Voyez si le frotteur est assez propre.*

Le frotteur n'étant pas assez propre, il se peut que le frottement soit trop dur et provoque des ballottements.

3°. Ballottements.

Les ballottements sont le résultat d'un mauvais réglage des éléments constituant la „partie synchronique" de l'appareil.

Pour la recherche des ballottements on peut suivre la méthode suivante.

Le son produit par les vibrations d'un morceau de papier ou de carton mince, qu'on appuie sur la roue qui conduit le pignon de l'axe du volant, ou sur la roue à rochet, nous indique si la marche est régulière ou s'il y a des ballottements. On distingue les trois cas suivants:

1°.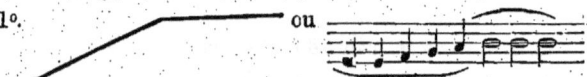

ce qui veut dire que si l'on arrête d'abord le volant et qu'on le fasse marcher ensuite, le ton haussera graduellement jusqu'à ce que la lame vibrante ait obtenu la vitesse requise; puis il restera constant et ne fera entendre aucune fluctuation. C'est l'effet voulu, produit par le réglage parfait; c'est l'effet qui constate l'état normal.

2°.

cet effet-ci nous apprend que la lame vibrante n'est pas bien centrée ou qu'elle n'est pas solidement encastrée, que le frotteur du frein exerce un frottement irrégulier, ou que la boule a trop de jeu sur la lame.

3°.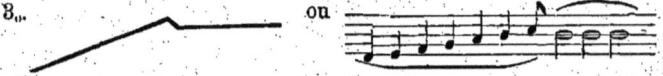

cet effet est produit lorsque le levier du frein, par l'intermédiaire de la came d'ivoire, ne commence pas à soulever le ressort à partir du centre, ou lorsque le levier n'est pas tout à fait libre sur son axe. La lame vibrante a dépassé pour un instant la vitesse requise, ce qui peut facilement déranger le synchronisme.

4°. Réglage du synchronisme.

Lorsqu'on veut régler le synchronisme dans deux appareils, on procède comme suit.

On donne des blancs sur l'un des instruments, tandis que sur l'autre on tâche de recevoir un blanc ou un type quelconque, pourvu que ce soit toujours le même. Si l'on ne reçoit pas continuellement le même caractère, mais, par exemple, successivement les lettres A B C etc., il est évident que l'appareil récepteur marche trop vite. Si, au contraire, on reçoit les lettres Z Y X etc., il n'y a pas de doute que cet appareil ne marche trop lentement.

On augmente ou diminue la vitesse jusqu'à ce qu'on reçoive continuellement le même blanc ou le même type.

Pour constater alors que la marche des deux appareils est parfaitement isochrone, on fait toujours donner des blancs par le poste correspondant, pendant qu'on isole l'instrument ou qu'on fait passer le courant à la terre sans lui laisser traverser les bobines de l'électro-aimant.

De cette façon la roue correctrice, tout en tournant, n'est pas affectée par la came correctrice. Lorsque, après trois secondes, on fait de nouveau passer le courant par les bobines, et qu'on reçoit encore la même impression, on en peut conclure que le synchronisme est établi. Pour voir s'il est parfait, on répète le même jeu, mais au lieu de trois, on fait une pause de cinq secondes.

OBSERVATIONS GÉNÉRALES.

La cause de plusieurs dérangements se trouve ordinairement dans les pièces faisant partie de l'armature et de l'électro-aimant; elle a sa source principalement dans un mauvais réglage.

Pour régler au plus sensible, on ôte l'appareil de la ligne, afin d'éviter toute influence de courants étrangers.

Le papier sur les surfaces polaires de l'électro-aimant doit être bien propre.

On sait qu'on ne peut régler qu'approximativement avec l'armature en biseau. On ne touche plus à cette pièce lorsqu'on a réglé par les ressorts antagonistes.

L'armature sur l'électro-aimant étant réglée au plus sensible, elle répondra à tout courant, soit fort, soit faible. Si le réglage laisse beaucoup à désirer, l'armature ne se soulèvera que par un courant fort, et généralement, en ce cas-là, l'appareil marchera bien par le courant partant, tandis que le courant du poste correspondant provoquera des retards.

L'appareil peut être réglé trop sensiblement. Alors l'instrument reproduit des caractères qui ne sont pas transmis, ce qu'on appelle: „recevoir des extras." On y remédie en diminuant peu à peu l'action du ressort variable, jusqu'à ce qu'on ne reçoive plus ces extras.

S'il y a des mélanges sur la ligne, le réglage doit être moins sensible, et l'on tâche de le régler à tel point que les extras ne se présentent plus.

Avant de commencer le service, on met en premier lieu de l'huile à l'axe du volant, principalement à son point de jonction avec l'axe imprimeur; et ensuite à toutes les parties de l'instrument sujettes à des frottements continus.

Lorsque les vibrations ont atteint une étendue de trois centimètres et que la lame vibrante ne ballotte pas, on fait □ E J O T (□ veut dire blanc) pour vérifier la bonne marche de l'appareil, et enfin on commence le service en appelant le poste correspondant.

On appelle ce poste en faisant quatre ou cinq fois □ N, puis on s'arrête pour recevoir la réponse, qui n'est que la répétition de l'appel.

Ensuite on demande des blancs, en faisant □ I T □ I T □ I T, pour régler le synchronisme, et enfin on échange des □ I N S pour voir si l'on reçoit bien des deux côtés.

Lorsqu'il faut interrompre le correspondant, on donne seulement une fois deux ou trois lettres assez distantes les unes des autres; et lorsque ensuite on veut lui parler, on fait des blancs, pour qu'il se taise et ait le temps de mettre sa roue des types sur blanc.

On n'interrompt jamais brusquement le poste correspondant, parce que, par l'envoi de courants sans aucun ordre, l'axe imprimeur est déclenché au hasard et la came correctrice vient buter contre les dents de la roue correctrice. Evidemment la marche de l'instrument sera alors déréglée; l'appareil peut même s'arrêter tout court, et les dents de la roue correctrice seront bien vite usées.

Pour les *ballottements*, les *roulements*, les *déraillements* et quelques autres causes de dérangements voyez le chapitre XII.

VÉRIFICATION ET RÉGLAGE EXTRAORDINAIRE.

1°. Réglage de la roue des types.

a. *Réglage d'une roue des types sans défauts.*

Pour régler la position de la roue des types, arrêtez celle-ci au moyen de la détente et arrêtez ensuite aussi la marche de l'appareil. Alors, de la main gauche, tenez ferme la roue correctrice ainsi que le levier pour le changement des chiffres, afin d'empêcher tout mouvement involontaire de la roue des types, que l'on doit éviter de toucher.

Pour donner un peu de jeu à la roue des types, de la main droite desserrez légèrement les vis par lesquelles elle est fixée à son manchon. On sait que les trous de ces vis sont oblongs.

Placez maintenant le caractère Z en face de la bande de papier, en prenant pour direction le plan qui passe par les axes de la roue des types et du tambour imprimeur.

Après avoir bien ajusté, resserrez les vis, faites marcher l'instrument, et appuyez d'abord sur la touche „blanc de lettres" et ensuite sur le „blanc de chiffres", pour replacer le levier de changement dans sa position normale, si par hasard on l'avait dérangé en tenant ferme la roue correctrice.

Faites ensuite quelques lettres et surtout les caractères M et W, qui sont les plus larges, et voyez si l'impression est claire et nette. Si une partie du caractère, soit à droite soit à gauche, n'est pas bien imprimée, il faudra tourner un peu la roue des types de l'un ou de l'autre côté, après avoir répété l'opération décrite.

Lorsqu'on croit avoir réglé comme il faut, on fait plusieurs lettres et chiffres pour juger de l'impression en général.

b. *Réglage d'une roue qui voile sur l'axe.*

Quelquefois la roue des types, par un défaut de construction etc., voile sur l'axe, ce qui fait que les caractères imprimés ne sont pas placés sur la bande de papier en ligne droite, mais en ligne ondulée. En abaissant deux à deux toutes les touches, chacune avec celle qui en est éloignée de 13 de ces intervalles, on précise la partie de la roue qui fait la plus grande déviation, et on y remédie en serrant de ce côté-là un petit bout de fil métallique entre la roue des types et son manchon.

2°. Vérification de l'impression.

a. *Réglage de la distance entre le tambour imprimeur et la roue des types.*

L'axe commun du levier pour le mouvement du papier et du levier imprimeur a un certain jeu ascendant et descendant dans le trou oblong pratiqué au bâti de l'instrument, quand on desserre la vis qui doit le retenir dans une position fixe.

On règle la distance entre le tambour imprimeur et la roue des types, en soulevant ou en abaissant peu à peu le dit axe, jusqu'à ce que le tambour ait exactement la position voulue.

Pour vérifier, tournez l'axe imprimeur tout doucement, et voyez si le contact du tambour avec la roue des types n'est pas trop dur, ce qui pourrait causer des dégâts.

Lorsque le contact n'est pas trop dur, on fait marcher

l'instrument et on abaisse des touches. Si le levier est placé trop bas, l'impression ne sera pas assez prononcée; si au contraire il est trop élevé, on reçoit des taches en voulant reproduire des blancs, et même on en reçoit entre les lettres qu'on transmet. Dans le premier cas on soulève le levier, après l'avoir desserré; dans le second cas on desserre seulement très peu la vis et on abaisse peu à peu le levier, en donnant de petits coups secs sur son extrémité à l'intérieur du bâti. On répète ces opérations jusqu'à ce que l'impression soit assez forte et que les taches ne se montrent plus.

En vérifiant l'impression et en réglant la position du levier imprimeur, il est évident qu'il faut vérifier également si le papier est bien lisse et pressé convenablement sur le tambour par le ressort. Quand cela n'a pas lieu, on reçoit une impression variable et même des taches.

b. *Réglage de l'ouverture de la fourche du levier imprimeur.*

Il peut arriver que, nonobstant la bonne position du tambour imprimeur et par conséquent de l'axe du levier imprimeur, on reçoive encore des taches en voulant reproduire des blancs.

Cela provient de ce que la fourche du levier a trop de jeu sur l'axe imprimeur, de sorte que le levier se soulève plus qu'il ne faut, au moment où l'impression a lieu, c'est-à-dire, au moment où la came de l'axe imprimeur se trouve précisément sous la pointe du bec de la fourche.

Lorsqu'on tient la came dans cette position, le levier imprimeur ne doit plus avoir de jeu, en d'autres termes, le bras inférieur de la fourche doit toucher l'axe imprimeur, ce qui empêchera que le levier soit trop soulevé et qu'on reçoive des taches. S'il y avait du jeu, on le ferait disparaître en rapprochant à petits coups de marteau le bras inférieur du bec de la fourche. Cela ne présente aucune difficulté, attendu que le bras inférieur n'est pas trempé.

c. *Construction de la fourche du levier imprimeur.*

Les mécaniciens qui ont à remplacer un levier imprimeur usé, doivent bien soigner la construction de la fourche.

Plus le soulèvement du bec par la came de l'axe imprimeur est rapide, plus l'impression sera prompte, nette et bien prononcée. La fourche n'est coupée en bec que pour éviter une trop grande résistance de frottement, qui nuirait à la vitesse de la marche de l'instrument.

Lorsque le soulèvement n'est pas assez rapide, c'est-à-dire lorsque le bec n'est pas assez courbé, l'impression commence déjà avant que la came ait touché la pointe du bec; elle n'est par conséquent ni prompte, ni instantanée. Les lettres sont tachetées ou plutôt ombrées.

d. *Renouvellement de la couche de gutta percha qui entoure le tambour imprimeur.*

Lorsqu'il faut renouveler la couche de gutta percha entourant le tambour imprimeur, on y procède de la manière suivante.

On ôte d'abord la couche usée.

Ensuite on prend une plaque de gutta percha d'une certaine épaisseur et de la grandeur voulue, qu'on chauffe fortement et dont ou recouvre le tambour imprimeur. Ainsi entouré, le tambour est roulé sur un morceau de bois bien uni, de façon que la gutta percha, étant refroidie, forme une bande très égale et d'une épaisseur qui ne s'élève pas au-dessus des petites dents servant à entraîner le papier. On éloigne la gutta percha qui a pu pénétrer entre ces dents, et on enlève même une partie de la bande à côté de ces dents, pour que celles-ci puissent faire librement leur office, sans courir le risque d'être gênées par la couche de gutta percha.

e. *Impression défectueuse indépendante des réglages précédents.*

Quelquefois on reçoit des lettres dont la partie supérieure ou inférieure n'est pas reproduite, en d'autres termes, qui ne sont imprimées qu'à demi. Cela arrive ordinairement lorsque le tampon ne s'applique pas d'une manière égale sur les types, par suite d'une cavité ou d'une proéminence du feutre ou du drap.

Il est clair que le tampon doit être suffisamment imbibé

d'encre, puisque sans cela l'impression pourrait bien manquer tout à fait.

Il arrive quelquefois que les types placés à coté des blancs, par exemple la lettre A ou le chiffre 1, sont mal imprimés, tandis que l'impression des autres caractères ne laisse rien à désirer.

Cela a lieu lorsque le tampon n'est pas assez serré contre la roue des types, de façon qu'il saute par dessus les premiers types en se relevant de la case vide d'un blanc.

Si le ressort du tampon est trop fort, le feutre ou le drap s'useront très vite.

3°. Réglage de la position de l'électro-aimant.

L'armature devant être plate et égale sur l'électro-aimant, elle doit conséquemment s'y trouver aussi de niveau.

On peut obtenir cette position en faisant monter ou descendre l'aimant permanent. Celui-ci est fixé en dessous de la table, et en desserrant les vis on peut soulever ou abaisser tout le système.

4°. Réglage de la position de l'armature par rapport au levier désembrayeur.

En tirant une ligne droite du milieu de l'épaisseur du levier désembrayeur vers la gauche, cette ligne doit diviser l'axe de l'armature en deux parties parfaitement égales. Si cela n'arrive pas, on tâche d'y remédier en forçant un peu de l'un ou de l'autre côté le massif de l'armature, tout en ayant soin que celle-ci reste égale sur l'électro-aimant.

XIV

MANIPULATION.

Les exercices suivants sont recommandés pour acquérir de l'agilité dans la manipulation du clavier.

Les lettres, les chiffres, les syllabes, les mots ou les nombres, en un mot les groupes qui composent ces exercices, doivent être séparés les uns des autres par un intervalle. Pour cela, avant chaque groupe, le groupe „DINTY" excepté, on abaisse une touche blanche, soit celle des lettres soit celle des chiffres.

L'élève répète chaque exercice jusqu'à ce qu'il ait obtenu sur la bande une ligne ayant une longueur d'environ 0.25 mètre.

Il faut profiter de chaque révolution du chariot pour reproduire le plus de types possible.

Les groupes à reproduire, après avoir établi la communication locale, sont:

N	EJOT	LAP
IN	DINTY	PAL
INS	FOU	ICH
INT	IT	OUI
ENT	IS	AINT
ME	GO	MAINT
OU	EMT	SAINT
JOU	MAM	PAR
ET	MAN	PARIS
JOT	LAM	HOTEL
JOU JOT	NAO	JOUJOU
HO	INAIN	INTENT
HOT	INSAINS	PAPA
INS INT	INTAINT	MAMA
IOU	PAN	VOUS

MAIS	ITALIE
BIN	FRANCE
HO IO	ENGLAND
BON	AMERICA
JOUR	IT IS HOT
KAN	IT GO
AIT	AINTENANT
FAIT	MAINTENANT
FAITES	BIEN
EN	TRES
ANT	TRES BIEN
ENANT	NICHT
AMS	JA
AMST	JA MR
AMSTEL	JE
AMSTER	SUIS
NUN	JE SUIS
IST	BON JOUR
WAS	ETES
WAIT	ETES VOUS
CHAM	DONNEZ
KAM	COMBIEN
KAMER	BLANCS
RIEN	COMMENT
HOU	DIT
HOUSE	DITES
CHOU	MOI
LENT	DIOU
MENT	ADIOU
CITY	BIENTOT
TEL	END
TELE	ENDING
GRAPH	HOUR
TELEGRAPH	WAHR
OU MR	BJR
OUI MR	INVENT

DEPECHES	SPECIMEN
INVENTION	SPECIMEN DU
INTENTION	SPECIMEN DU TELEGRAPH
WENTY	SPECIMEN DU TELEGRAPH HUGHES
TWENTY	EJOTY
INSTRUMENT	EJOTYDINTY
RECU	EJOTYDINTYCHOU
J AI	10 20 30 40 50 40 30 20 10
J AI BIEN	16 27 38 49 50 49 38 27 16
J AI BIEN RECU	1020 1030 1040 1050 1040 1030
J AI BIEN RECU DE	1020
J AI BIEN RECU DE VOUS	R 1 R 2 R 3 R 4 R 5 etc.
J AI BIEN RECU DE VOUS MR	AMSTERDAM 10 29 38 47 56
TRES BIEN ICI	PARIS AMSTERDAM 1234 20 9
TRES BIEN ICI ET VOUS MR	38 M =

Il est évident qu'on peut varier ces exercices à l'infini, et qu'on fait bien de les modifier ou d'en augmenter le nombre selon les besoins de l'une ou de l'autre langue.

EXPLICATION DES FIGURES.

PLANCHE 1. Projection verticale de l'appareil Hughes à l'échelle de 1 : 2.
» 2. Figure 1. Projection horizontale de l'appareil, échelle 1 : 2.
Figure 2. Projection verticale de la lame vibrante en hélice, échelle 1 : 4.
» 3. Détails en grandeur d'exécution.
» 4. Figures 1—9 et 11—17. Détails en grandeur d'exécution.
Figure 10. Aimant à l'échelle d'environ 1 : 4.
» 5. Figure 1. Communications pour l'appareil formant tête de ligne.
Figure 2. Communications pour deux appareils translateurs accouplés.
Figures 3 et 4. L'armature et son bâti, en grandeur d'exécution, avec leurs communications pour l'appareil translateur.
Figure 5. Communications pour l'appareil intermédiaire et translateur.
» 6. Vue d'ensemble, échelle 1 : 2.

Dans la figure 4 de quelques unes des reproductions de la planche 3 lisez r pour r^2. Dans la figure 5 remplacez j par r et effacez la lettre r qui se trouve en dessous de F^1.

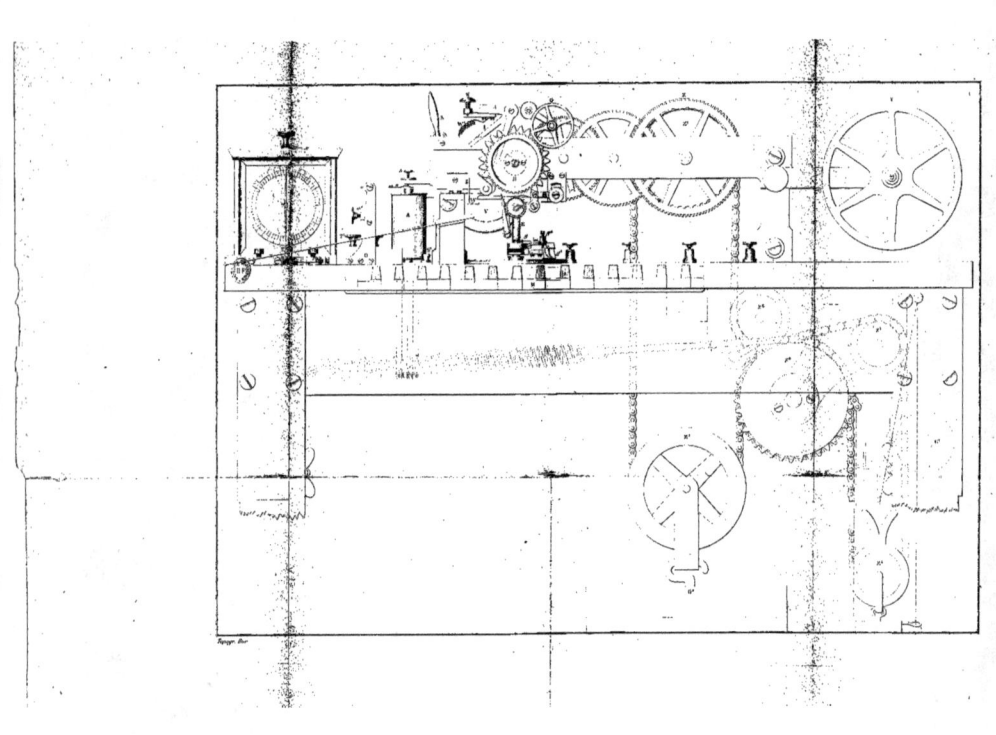

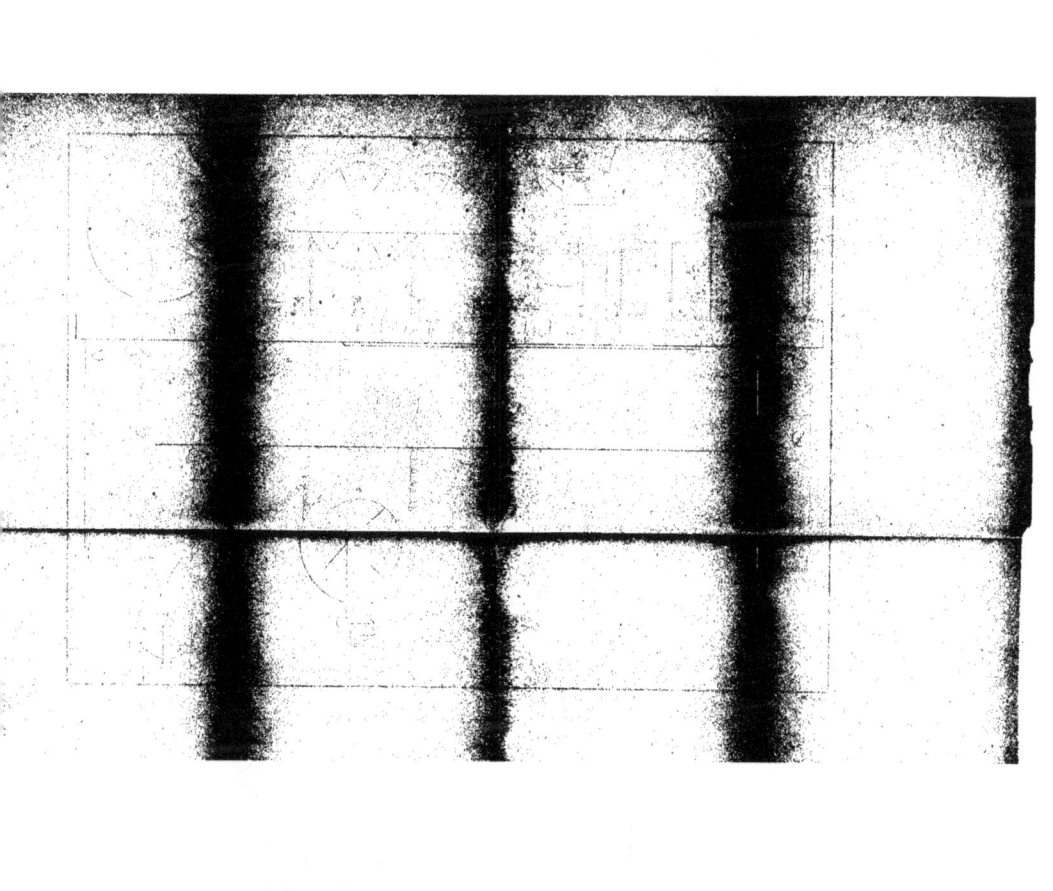

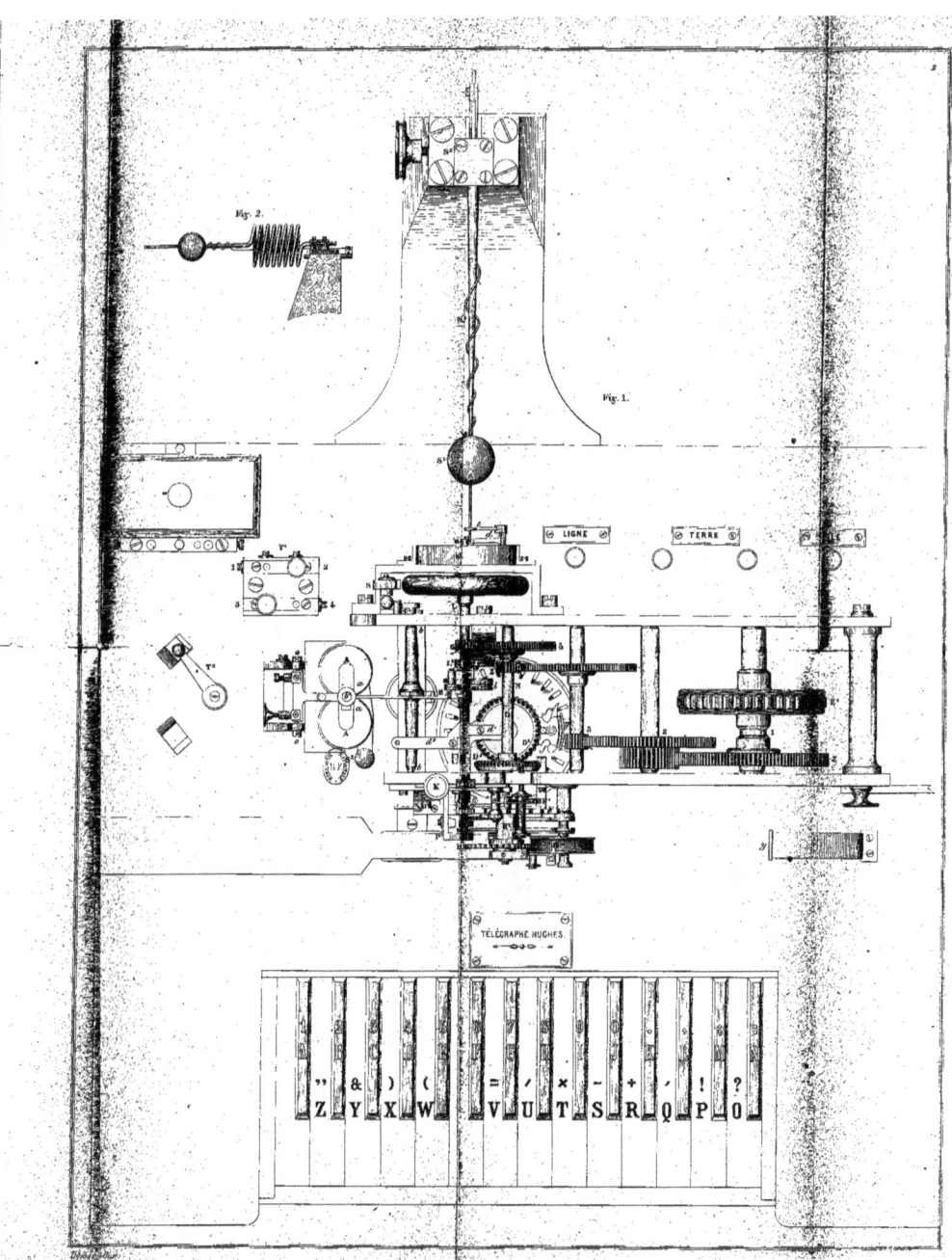

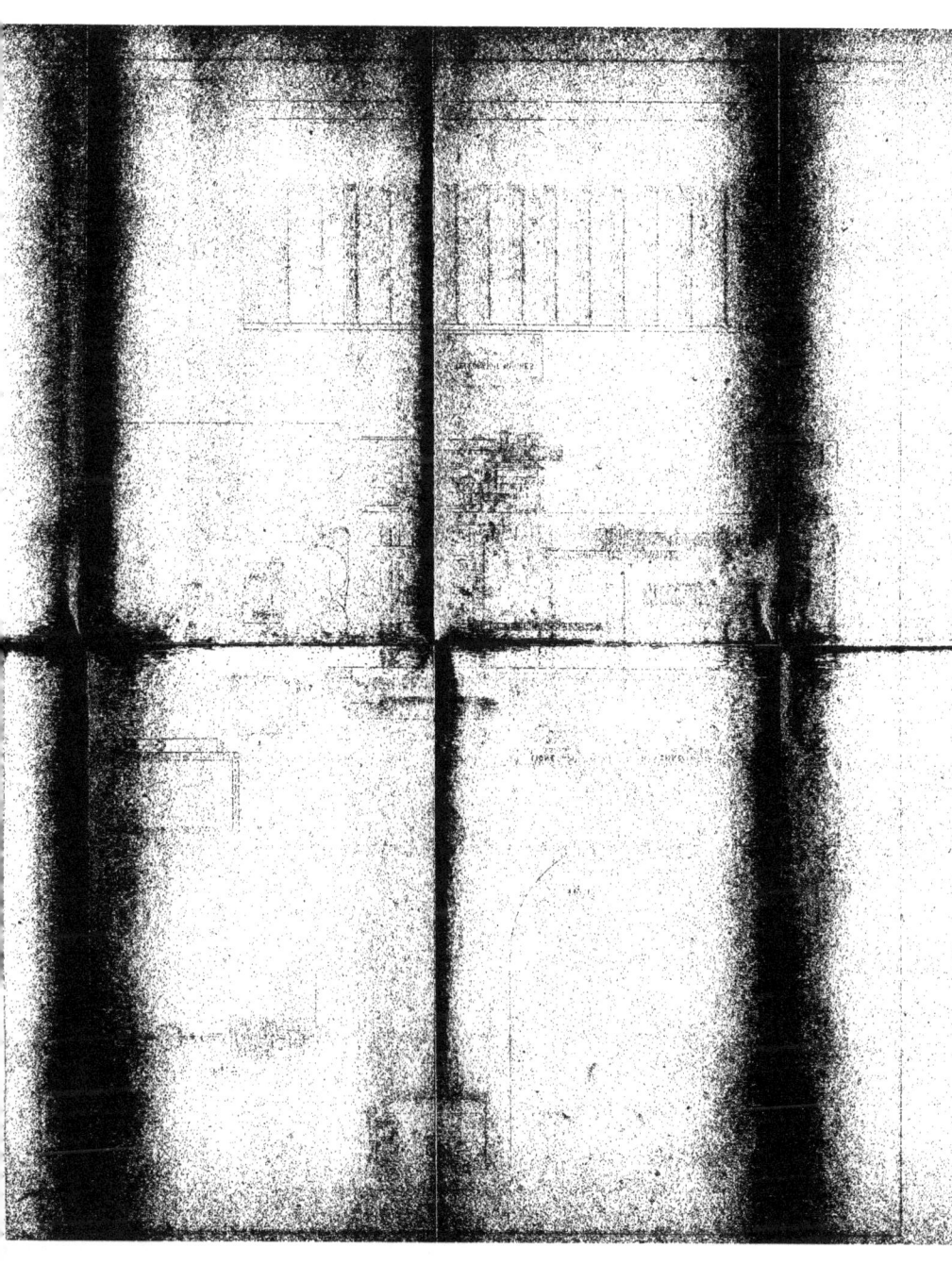

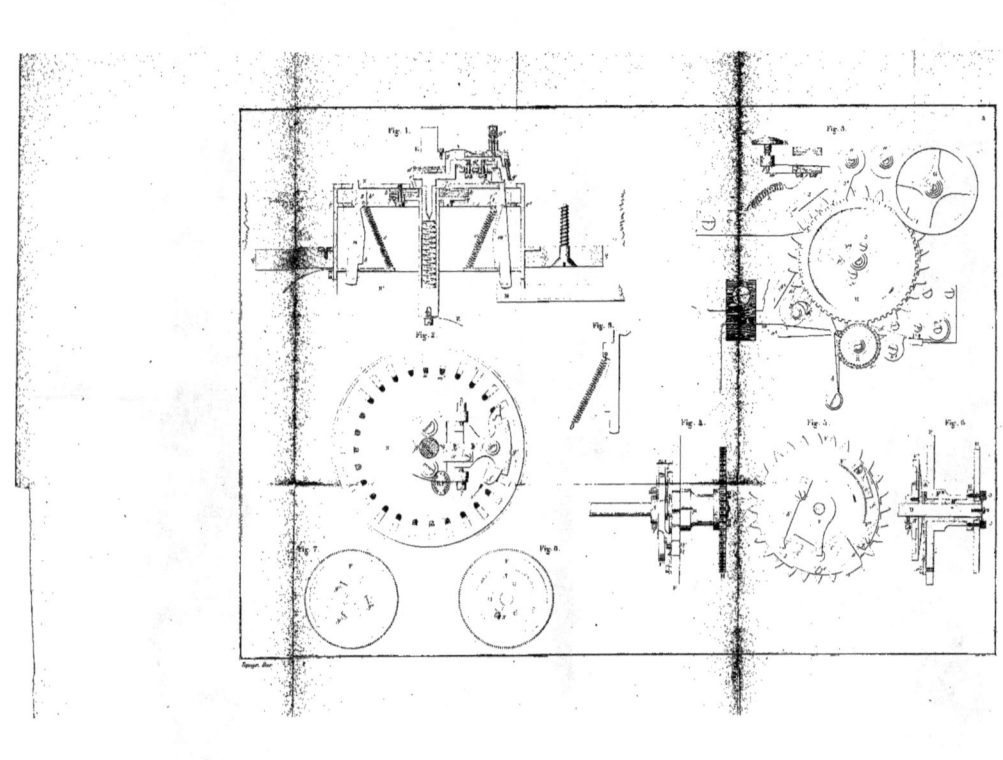

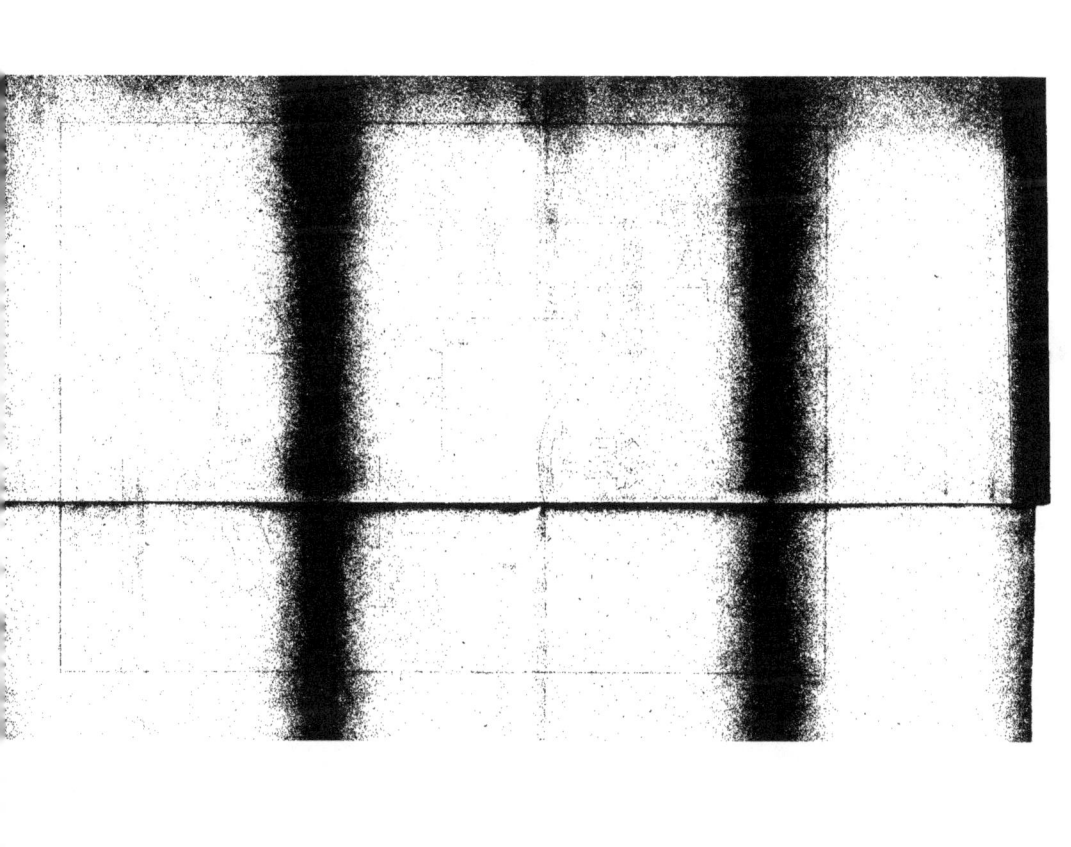

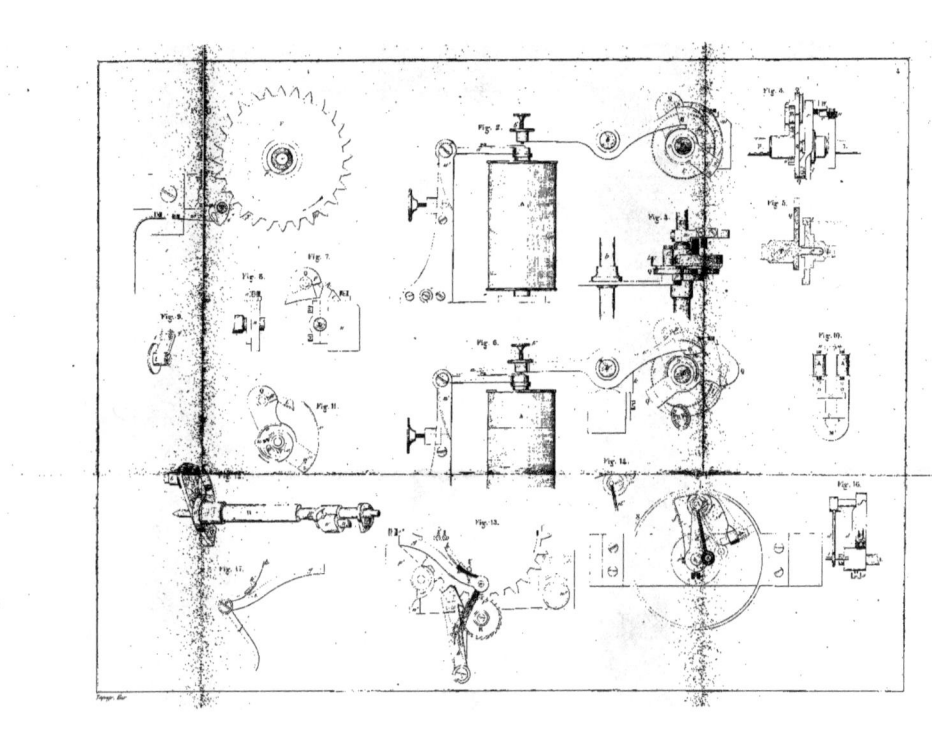

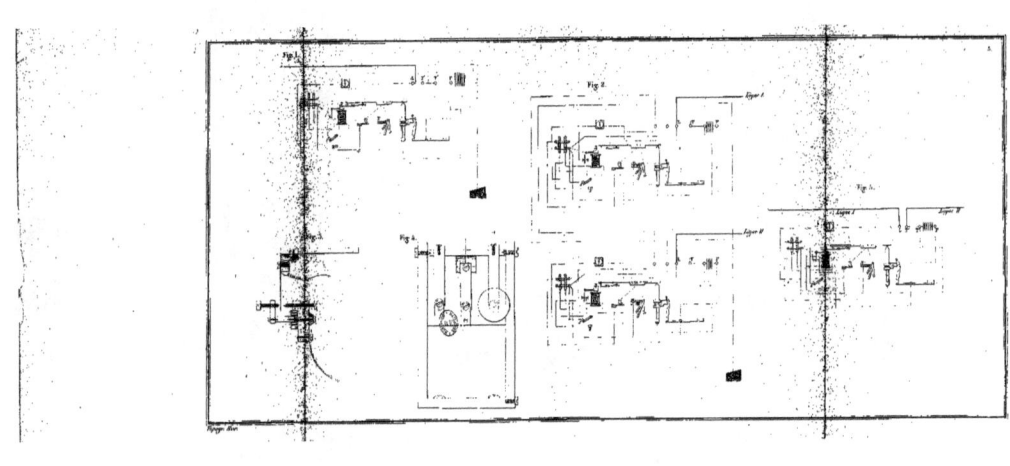

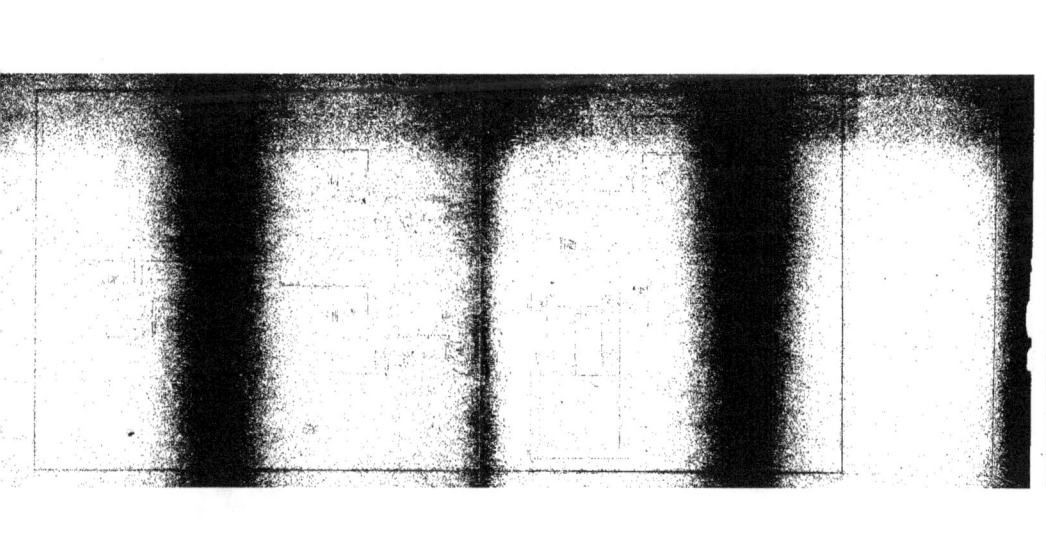

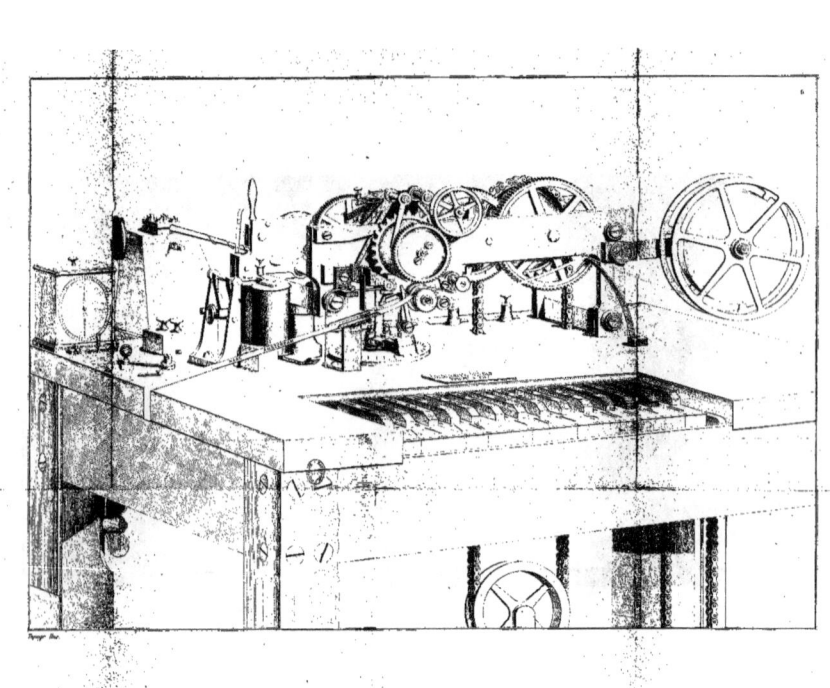

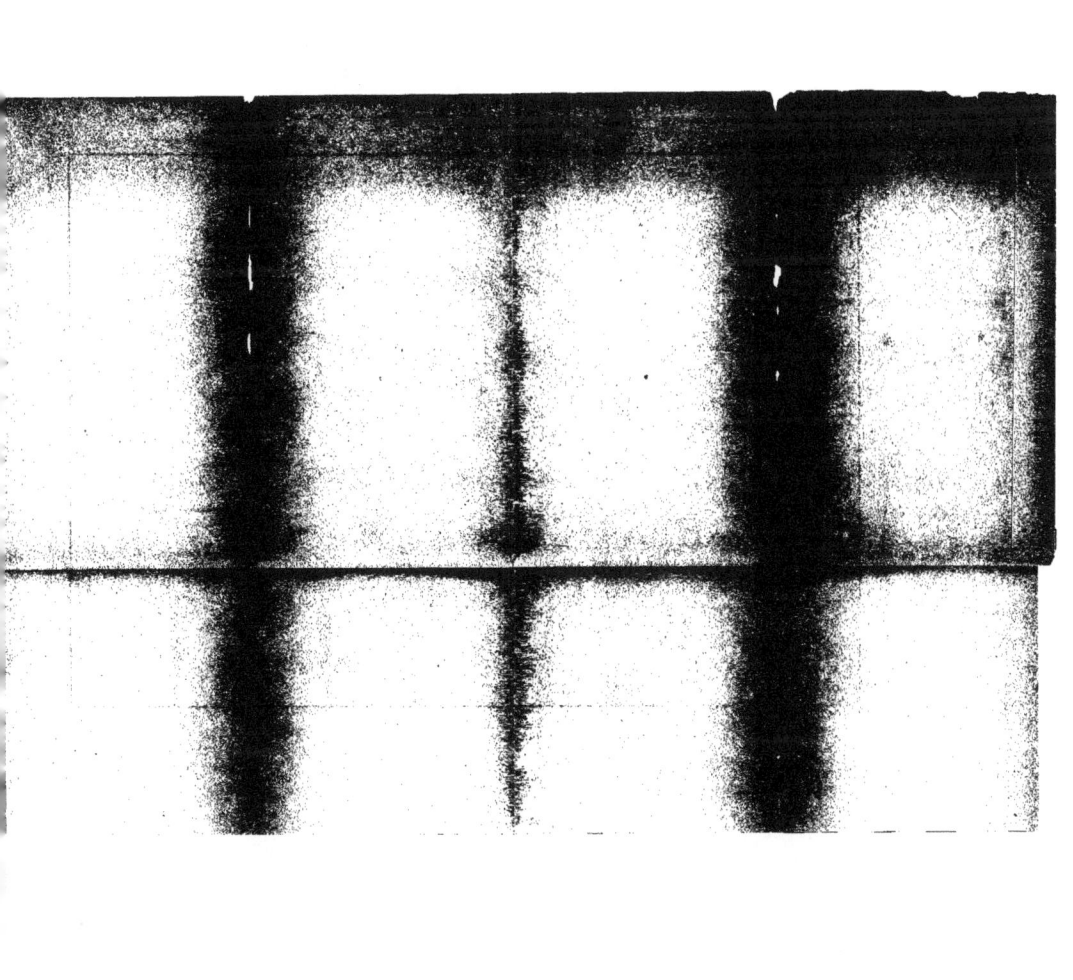

www.ingramcontent.com/pod-product-compliance
Lightning Source LLC
Chambersburg PA
CBHW070319100426
42743CB00011B/2473